.38 SPECIAL

Ullstein Kriminalmagazin
.38 Special No. 6
Lektorat: Georg Schmidt
Ullstein Buch Nr. 10570
im Verlag Ullstein GmbH,
Frankfurt/M – Berlin
Titel der amerikanischen
Originalausgabe:
A Matter of Crime
Übersetzt von Sabine Hübner

Deutsche Erstausgabe

Umschlaggestaltung:
Hansbernd Lindemann
Umschlagbild:
Paul Lehr/Agentur Thomas Schlück
Alle Rechte vorbehalten
© 1987 by Harcourt Brace Jovanovich;
1988 by Tom Jeier
Übersetzung © 1989 by
Verlag Ullstein GmbH,
Frankfurt/M – Berlin
Printed in Germany 1989
Gesamtherstellung:
Ebner Ulm
ISBN 3 548 10570 X

Februar 1989

CIP-Titelaufnahme
der Deutschen Bibliothek

[Achtunddreissiger special]
.38 special: neue Stories, Interviews u.
Informationen aus d. Welt d. Kriminal-
literatur; Kriminalmagazin. – Dt. Erstausg.
– Frankfurt/M; Berlin: Ullstein.
  Einheitssacht.: A matter of crime
  <dt.>
NE: EST
Dt. Erstausg.
6 (1989)
   (Ullstein-Buch; Nr. 10570:
   Ullstein-Kriminalroman)
   ISBN 3-548-10570-X
NE: GT

Band 6

Neue Stories, Interviews und Informationen
aus der Welt der Kriminalliteratur

Ullstein Kriminalroman

INHALT

SCHLAUE TYPEN SCHNARCHEN NICHT
Joe Gores
7
Interview mit Joe Gores
31
WALTER EGO
Michael Avallone
44
DAS MOTIV
Michael Collins
48
PURPURSCHRIFT
Juliann Evans
73
GANZ DER GENTLEMAN
Joseph Koenig
77
DIE WEISSE KATZE
Joyce Carol Oates
82
DILEMMA IN SAN DIEGO
Michael Mulder
107
EINE BERUFSTÄTIGE FRAU
Harold D. Kaiser
128
INDIANER-POKER
Curtis E. Fischer
139
EIN INTERVIEW
mit
Charles Willford
150

SCHLAUE TYPEN SCHNARCHEN NICHT

Joe Gores

Der Amerikaner Joe Gores, 1931 geboren, ist einer der renommiertesten lebenden Kriminalschriftsteller. Dem langjährigen Präsidenten der Mystery Writers of America, des amerikanischen Kriminalschriftstellerverbandes, gelang es als einzigem Autor, den Edgar Award, den Oscar für Kriminalliteratur in drei unterschiedlichen Kategorien – beste Kurzgeschichte (1969), bester Roman (1969) und bestes Fernsehdrehbuch (1975) –, zu erringen. Die hier vorliegende Kurzgeschichte ist als erster Teil einer Serie von Short Stories vorgesehen, in deren Mittelpunkt der zum Detektiv umgeschulte Ex-Football-Profi Knochenbrecher Krajewski stehen soll.

Ich stand bis zu den Waden im Efeu vor Eric Goldthorpes Schlafzimmerfenster und hörte ihn schnarchen wie eine halbe Wagenladung Alteisen, die über die Grapevine nach L.A. transportiert wird. Bei meiner Ankunft vor sieben Minuten war aus dem Vordereingang gerade ein großer, hagerer Bursche gekommen, der ein schrilles Sportsakko, das ihm zu groß, und einen Hut, der ihm zu klein war, trug und um 23 Uhr 48 eine Sonnenbrille aufhatte.

Er bewegte sich geschmeidig, sah jedoch gerade kräftig genug aus, um einem Baby sein Bonbon nur dann wegzunehmen, wenn das Baby noch nicht zu zahnen begonnen hat. Wie auch immer, ich mußte nach der telefonischen Nachricht, die ich erhalten hatte, überprüfen, ob Goldthorpe in seiner umgebauten einstöckigen Remise in Ordnung war. Deshalb also Krajewski unter den Nachtigallen.

Der Schnarcher drehte sich um, daß die Bettfedern knarrten, und schnarchte weiter. Ich trat zurück, bevor durch die Vibrationen noch die Schieferschindeln herunterfielen. Zum Teufel, ich war noch nicht einmal richtig angestellt.

Wieder in meinem Toyota auf der nächtlichen Straße in San Francisco, öffnete ich meine Thermoskanne mit Tee und lauschte den Grillen und Laubfröschen. Keine Moskitos; Pacific Heights lag außerhalb ihrer Preisskala. Am Ende des Häuserblocks, da, wo der magere Kerl hingegangen war, hörte man einen Wagen starten, und dann fuhr fast lautlos ein schwarzer Lincoln vorbei. Am Steuer saß eine Blondine mit langem, schimmerndem Haar.

Ich ging im Kopf eine Kontrolliste durch. Goldthorpe war drinnen, und schnarchte in Sicherheit weiter vor sich hin. Ich hatte die Vorderfront des Hauses im Blick und würde jeden hören, der versuchte, hinten über den Maschendrahtzaun zu steigen. Um acht Uhr morgens, wie in der telefonischen Nachricht vorgeschlagen, war dann noch Zeit genug, um herauszufinden, wer meinen künftigen Klienten zu töten versuchte und warum.

Aber um 3 Uhr 29 zeigte mir ein Bulle aus einem Streifenwagen durchs Fenster seine Polizeimarke. Ich stieg aus, Hände in voller Sicht, und nahm die übliche Haltung ein. Pacific Heights ist nicht Beverley Hills, aber trotzdem macht dieses geballte Kapital die Bullen nervös.

Nachdem sie mich abgetastet hatten, sagten sie mir, was Cops einem einen Meter fünfundneunzig großen Zweieinhalb-Zentner-Mann sagen, den sie um drei Uhr morgens mit einer Waffe in Pacific Heights erwischen. Und ich sagte ihnen, was ich Cops immer sage. Keiner von ihnen hat je wirklich versucht, es zu tun, aber ich schlage es ihnen immer wieder vor und gebe die Hoffnung nicht auf.

Eine an Schlaflosigkeit leidende Nachbarin hatte mich »zufällig« gesehen – vielleicht weil sie mit den Fingernägeln an der Dachrinne hing? – und die Polizei gerufen. Schließlich gingen wir zu Goldthorpe, damit er bestätigen konnte, daß er mich angerufen hatte. Wir fanden die Vordertür unverschlossen und Goldthorpe im Bett, wo ich ihn drei Stunden zuvor schnarchen gehört hatte. –

Nur daß er jetzt tot war.

Inspektor Red Delaney von der Mordkommission, ein schlaksiger Bursche mit traurigem Blick, Sommersprossen und ergrautem rotem Haar hatte an diesem Abend Dienst. Ich dachte, ich hätte leichtes Spiel mit ihm, weil ich ihm diesmal wirklich nur die Wahrheit zu sagen brauchte; außerdem war er sogar nach der Versetzung aus der Bay Area ein hartnäckiger Raider-Fan geblieben. Aber dann tauchte sein Chef auf, nicht ganz so breit wie ein Scheunentor und auch nicht ganz so häßlich wie ein Geier, aber so in diese Richtung.

Delaney sah überrascht drein. Ich sah überrascht drein. Es gibt verdammt wenige Morddezernat-Chefs, die im Morgengrauen für die routinemäßig anfallende Leiche ausrücken.

»Ich bin Captain Pritchard«, schnauzte er mich an.

Ich blinzelte ihm zu. »Guckguck«, sagte ich.

Er wandte sich an Delaney. »Wer ist dieser Clown?«

»Thaddeus Krajewski. Man hat ihn ›Knochenbrecher‹ genannt, als er noch bei den Raiders war, weil –«

»Ich weiß alles über Sie, Krajewski. Große Klappe, kleines Hirn. Von Ihnen lasse ich mich nicht dumm anquatschen, kapiert?«

»Heißt das, ich stehe unter Arrest?« trällerte ich. Zu Delaney gewandt erklärte ich: »Er sagt gern ›Guckguck‹ zu den Tätern, bevor er ihnen die Handschellen anlegt.«

Eigentlich stammte »Guckguck« aus seiner Zeit bei der Nillenhobler-Patrouille, wo er in Männertoiletten Schwuchteln verhaftete: Männer, die bloß Pinkeln wollten, bekamen einen Schock, wenn ihnen von einem Typen auf staubigen Knien drei Minuten wahrer Liebe offeriert wurde. Es hieß, daß Guckguck, wenn du prominent und verheiratet warst und viel zu verlieren hattest, damals unter Umständen das Tonbandprotokoll mit deiner Missetat verlegte – für ein Schweigegeld.

»Okay, Krajewski, der Reihe nach, nur mal so zur Übung. Keine Theorien.«

Ein Elektronenblitz tauchte den Raum in weißes Licht. Ein Mann, der nicht mehr Kinn als Barry Manilow hatte, hob vom Nachttisch Abzüge auf rechteckige Plastikfolien. Ich gähnte plötzlich; es war eine lange Nacht gewesen, und sie wurde noch länger, aber ich war plötzlich hellwach und brannte darauf, wieder in mein Büro zurückzukommen.

»Ich bin gestern abend um halb elf von einem Fall zurückgekommen, hörte den Anrufbeantworter in meinem Büro ab und –«

»Was für ein Fall war das?«

Ich schüttelte den Kopf. »Das sage ich vielleicht vor einer Anklagekammer. Aber nicht Ihnen.« Er schwieg. »Ein gewisser Eric Goldthorpe hatte eine Nachricht hinterlassen, daß sein Leben in Gefahr sei und daß er mich vielleicht engagieren wolle. Er sagte, ich solle um 8 Uhr zu ihm kommen. Allerdings sagte er nicht, ob er einen Leibwächter oder einen Detektiv suchte, deshalb –«

»Ich will dieses Tonband!«

Ich nickte nur. »Da er gesagt hat, sein Leben sei in Gefahr, dachte ich, ich warte vielleicht lieber nicht bis morgen. Es hat kein Licht gebrannt, aber dann hat dieser andere Mann das Haus verlassen.« Ich beschrieb ihn. »Da ich Goldthorpe immer noch schnarchen hörte –«

»Warum hätte es sich bei dem hageren Typen nicht um ihn handeln können?« fragte Delaney.

»Goldthorpes Treuhandvermögen war etwa so wie das Bruttosozialprodukt von Kanada«, sagte ich. »Der arme Kerl mußte sich ins gesellschaftliche Leben stürzen, nur wegen der Zinsen und der Kaffee-Import-Firma, die er ebenfalls geerbt hatte. Solche Männer sind vielleicht nicht gefährlich, aber ihr Bild kommt oft in der Zeitung. Er hätte den hageren Burschen um zwei Zentner übertroffen.«

Das Telefon klingelte. Es war der ärztliche Leichenbeschauer mit einem vorläufigen Bericht über die Todesursache. Red Delaney hörte zu und machte sich Notizen, wobei er immer wieder nickte und vor sich hin brummte. Schließlich sagte er: »Danke, Oskar«, und legte auf. Er grinste mich an.

»Noch mal dem Stuhl entronnen, Knochenbrecher. Natürliche Todesursache. Sieht aus, als sei Goldthorpe an Apnoe gestorben.«

Ich sah offensichtlich verwirrt auf. »Apnoe?«

»Atmungsprobleme bei manchen übergewichtigen Männern. Ihre Kehle verschließt sich während des Schlafs, und deshalb hören sie zu atmen auf, und zwar für Phasen, die einige Sekunden bis einige Minuten dauern können. Das kann pro Nacht Hunderte von Malen passieren.«

Goldthorpe hatte eine ganze Weile zu schnarchen aufgehört, bevor er sich umgedreht und weitergeschnarcht hatte. Das sagte ich auch. Red zuckte die Achseln.

»Sehen Sie? Manchmal fangen sie einfach nicht mehr an, basta.«

Guckguck sagte plötzlich: »Ich habe gehört, daß Schnarcher mit zunehmendem Alter dümmer werden – Hirnschaden durch Sauerstoffmangel. Ist da was dran, Krajewski?«

»Keine Ahnung, ich schnarche nicht«, erwiderte ich mit großer Würde.

Er wies mit dem Daumen zur Tür. »Kommen Sie morgen mal vorbei, für ein offizielles Protokoll – und bringen Sie dieses Tonband mit.«

In meinem Büro in Coppolas Haus, das die Form eines Bügeleisens hatte, machte ich eine Kopie der Goldthorpe-Nachricht. Er sprach verwaschen und undeutlich, als habe er Rahmbonbons im Mund, aber was er sagte, war durchaus klar.

»Eric Goldthorpe, 2544 Jackson Street. Es könnte sein, daß ich einen Privatdetektiv brauche, und jemand hat mir Ihren Namen gegeben. Äh... es könnte sein, daß jemand versucht, mich umzubringen, und es wäre möglich, nur mal so zur Übung, daß ich Sie engagiere. Hier. Acht Uhr morgen früh.«

Ich legte die Kopie in den Anrufbeantworter ein, verstaute das Original, das Guckguck für die Polizeiakten wollte, in einer Schreibtischschublade und legte mich zum Nachdenken auf meine zwei Meter zehn lange Bürocouch. Wenn es sich um eine natürliche Todesursache handelte, warum trug der hagere Typ dann einen Mantel, der ihm zu groß, und einen Hut, der ihm zu klein war?

Andererseits, was zum Teufel hatte ich damit zu schaffen? Mein Klient war tot, bevor er mich engagiert hatte. Wenn hier mindestens zwei verschiedene Leute irgendein Spielchen spielten, war dann ein ehemaliger Raiders-Stürmer schlau genug, herauszukriegen, wer und warum? Wäre es nicht vielleicht schlau gewesen, sich rauszuhalten?

Fünfzehn Sekunden lang kämpfte ich mit solch kosmischen Fragen, dann schlief ich ein. Der Schauspieler Victor Mature hatte die Couch in den vierziger Jahren nach Maß anfertigen lassen, weil er so groß war und sich gern mal hinlegte; ich hatte sie in den achtzigern aus dem gleichen Grund gebraucht gekauft.

»Sie schnarchen aber wirklich laut. Ich hab gedacht, der Aufzug bricht zusammen, als ich hier hochgefahren bin.«

Die Blondine stand mit dem Rücken zu dem Bogenfenster, auf dessen Rückseite WIR SCHLAFEN NIE zu lesen war. Als ich das Büro vor drei Jahren eröffnet hatte, um zu verhindern, daß ich der hiesige Fernseh-Sportmoderator würde, etwas, das man von Ex-Footballspielern erwartet, wenn sie endlich mal erwachsen werden, war WIR SCHLAFEN NIE ein guter Witz gewesen. Jetzt war der köstliche Humor des Slogans verblaßt; wem gefällt es schon, schnarchend auf der Bürocouch ertappt zu werden?

»Die Tür war offen. Ehrlich.« Sie hatte die Stimme eines kleinen Mädchens im Körper eines großen Mädchens, und das wirkt wie prickelnde kleine Finger auf deinem Rückgrat. Als ich nichts sagte, fügte sie hinzu: »Jedenfalls habe ich im *Chronicle* gelesen, daß

Leute, die schnarchen, nicht so schlau sind wie Leute, die nicht schnarchen.«

Dieser Witz wurde allmählich auch ein bißchen fad. Ich brummte vor mich hin und setzte mich auf die Couchkante, um die Blondine freimütig zu betrachten. Es störte sie ungefähr soviel wie einen Hai ein Schwimmer. Groß und geschmeidig. Schimmerndes Haar fast bis zum Po. Ein Rock, der einen Schlitz bis zum oh, là, là! hatte, wie es in den Gesellschaftsspalten so schön heißt, und eine Menge Bein zeigte. Sheena des Dschungels, *Penthouse*-Schätzchen des Jahres.

»Ich schnarche und habe elf Jahre lang Profi-Football gespielt«, erklärte ich ihr. »Das bestätigt doch, wie recht Sie haben, nicht wahr?«

Am Spülstein in der Ecke spritzte ich mir Wasser ins Gesicht, prustend und schnaubend wie ein Nilpferd. Als ich mich umwandte, strich sie gerade wie eine Katze um mich herum, die Hand in der Handtasche. Während ich ihren geschmeidigen Gang bewunderte, klickte etwas in meinem Kopf. Im Fernsehen hätte sie eine vernickelte .22er herausgezogen und mich ins Zwölffingerdarmgeschwür geschossen, das zu entwickeln ich nicht lange genug leben würde. Im wirklichen Leben nahm sie ein Bündel Hunderter heraus, schwer genug, um damit einen Zeltpflock in den Boden zu rammen.

»Mein Name ist Judi Anderson-Powell. Ich möchte Sie engagieren.«

»Mein Glückstag. In der Nacht stirbt ein Klient, und morgens taucht schon der nächste auf. *Très* praktisch.« Ich schenkte ihr mein sinnliches Grinsen, das zu gleichen Teilen aus Verlangen und Gier zusammengesetzt ist und mir irgendwie nie Erfolg beschert. »Wie Mr. Kerouac immer gern sagte: Super, Mann, fantastisch!«

Sie kicherte. »Sie reden ja lustig daher.«

»Sie sollten mich erst mal hören, wenn ich wach bin.«

Aber jetzt war der amüsante Teil vorbei. Ihre Augen wurden sehr rund und ernst. »Ich vergesse *ständig*, Rechnungen zu zahlen und solches Zeug, und jetzt hat die Bank den Firmenwagen meines Mannes konfisziert. Er wird mich *umbringen*, wenn er das rauskriegt.« Sie wedelte mit ihrem Vermögen herum. »Es ist mir tausend Dollar wert, wenn Sie ihn mir zurückholen.«

Jeder Privatdetektiv, der je das Licht der Welt erblickt hat, ist schlau genug, für ein paar Stunden Arbeit tausend Dollar anzunehmen. Sie klärte mich über die Details auf, gab mir das Geld, um den Wagen auszulösen, und meine tausend – alles in bar. Und die Adresse in Marin, wo ich den Wagen abliefern sollte. Sie würde mich dann in die Stadt zurückbringen.

Als ich allein war, duschte und rasierte ich mich schnell und überprüfte noch einmal die Kopie von Goldthorpes Anruf. Ja. Es paßte. *Irgend jemand* ließ nicht zu, daß ich den Fall aufgab. Ich suchte die angegebene Adresse im Telefonbuch von Marin County, das sowohl Adressen als auch Namen aufführt, rief dann, um Eric Goldthorpe überprüfen zu lassen, beim SRS in Sacramento an, wo sie Führerscheine, Autos und Personen durch den Computer laufen lassen; vor der Remise hatte kein Wagen gestanden. Und schließlich rief ich noch das Schlafzentrum in Stanford an, um mich ein bißchen über Apnoe zu unterhalten.

In Tommy's Joynt belohnte ich mich für meine Erkenntnisse mit einem Büffelsandwich und einem Pauli Girl. Tommy's Joynt ist ein schrilles, gutgehendes Schnellrestaurant, seit 1922 an der Ecke Van Ness und Geary, wo es einige der besten Gerichte, Biere und Typen in der ganzen Stadt gibt. In meinem ersten Profi-Jahr hatten mich ein paar große Tiere von Verlegern aus dem Osten der Stadt dort zum Mittagessen eingeladen, um mich davon zu überzeugen, daß ich ein Buch über Profi-Football schreiben sollte. Ich hatte nichts dagegen. Wie Ovid sagt: *Leve fit quod bene fertur onus* – laßt euch fröhlich aufs Kreuz legen.

Ich passierte am Eingang Bryant Street die Detektoren des Gerichtsgebäudes, dieses kalten, grauen Betonkastens, und stieg zur Mordkommission hinauf, um meinen Bericht zu diktieren. Guckguck kam herein, als ich gerade fertig war. Er war zu dem Schluß gekommen, daß ich doch ein Mensch sei; er sagte, er habe gerade miterlebt, wie Goldthorpe aufgeschnitten worden sei.

»Hat die Autopsie irgendwas ergeben?«

Er brummte etwas vor sich hin, das Spott bedeuten konnte. »Exotische Gifte? Seltene Drogen? Der Biß einer tödlichen südafrikanischen Mamba?«

»Ich wäre für das Allernormalste: die in Kurare getauchte Spitze eines Gänsekiels, zwischen der zweiten und dritten Rippe ins Herz gestoßen.«

»Keine Quetschungen, keine Einstiche. Bis jetzt keine Resultate, was Drogen und Gifte betrifft, aber es paßt alles zum Tod durch Apnoe. Wo ist dieses Band, das ich haben wollte?«

»Ich habe es vergessen.«
»Vergessen? Oder versehentlich gelöscht?«
Ich sah schüchtern drein. »Sie wissen ja, wie das so geht, Captain.«
»Sie haben mir die Sache vermasselt und es gelöscht! Na ja, was zum Teufel soll man auch erwarten, nachdem zehn Jahre lang dreihundert Pfund schwere Kerle auf Ihrem Kopf rumgehockt sind?« Dann zuckte er die Achseln. »Ach zum Teufel, wenn wir den Bericht des Leichenbeschauers haben, schließen wir die Akte sowieso – natürliche Todesursache.«
»Dann mache ich mich jetzt auf die Socken«, sagte ich. »Ich muß mir ein paar schnelle Dollars verdienen.«
»Sicher unverschämt schnell«, entließ mich Guckguck verständnisvoll.

Das Inkassobüro befand sich in 340 11th Street. Es war ein zweistöckiges, zwischen zwei höheren Häusern stehendes Gebäude, in dem damals, als ich für Lowell linker Verteidiger gewesen war, eine Wäscherei untergebracht war. Dies war ein Geschäftsbezirk, der allmählich lila wurde, mit einer Schwulenbar an der Ecke und etwas weiter einer Badeanstalt, der es seit AIDS wahrscheinlich an Kunden gebrach.
Ein paar Außendienstmitarbeiter faßten gerade einen Zustandsbericht über einen neuen Thunderbird ab, der quer auf dem Gehweg stand, die Schnauze tief zwischen den schweren, offenen Schiebetüren der Garage. Als ich auf sie zukam, hörten sie beide auf zu arbeiten und nahmen die gleiche argwöhnische Haltung an.
»Netter Wagen«, sagte ich.
Der Kleinere hob unauffällig ein Radkreuz aus dem offenen Kofferraum und grinste wie ein Totenschädel in einem anatomischen Labor. »Ihrer?« Er war pflaumenblauschwarz, hatte sehr breite Schultern und schmale Hüften. Vor durchtrainierten Männern, deren Hals so breit ist wie ihr Kopf, sollte man sich immer in acht nehmen.
»Das wissen Sie nicht?«
»Wir haben uns nicht damit aufgehalten, mit dem registrierten Besitzer zu plaudern, als wir uns den Wagen schnappten.«
»Mir gehört er nicht.«
Er entspannte sich ein wenig. Der Große meinte: »Wir dachten, Sie seien vielleicht gekommen, um ihn sich untern Arm zu klemmen und mit nach Hause zu nehmen.«
Er war weiß, ungefähr eins achtzig, schlank, auf den ersten Blick

fast zu hübsch für dieses Geschäft; aber den kalten, blauen Augen über seiner Hakennase sah man an, daß er durchaus nicht unter der Last zusammenbrach. Er hieß Ballard, der andere war Heslip. Ich sagte, ich sei Thaddeus Krajewski.

»Ich werd verrückt, Knochenbrecher Krajewski!« sagte Heslip. »Stürmer bei den Raiders. Davor All-American in Notre-Dame.«

Ballard sagte: »Bei den Spielen mit den Forty-Niners aus San Francisco haben Sie sich so oft mit Montana beschäftigt, daß ich dachte, ihr zwei heiratet bald.«

»Dieser launische Mistkerl gab meinen Ring zurück, als ich aufhörte.« Jetzt erkannte ich Heslip.

»Ich wäre Weltchampion im Mittelgewicht geworden, aber ich hab aufgehört, als ich anfing, morgens mit dem Kopf an die Wand zu schlagen, um mein Hirn in Gang zu bringen.«

Es handelte sich um einen schwarzen Lincoln mit nur 11 000 Meilen auf dem Zähler, geschwärzten Fenstern im Fond des Wagens und einem Privatkennzeichen mit der Aufschrift IMPORT. Ich beglich die Bankschulden und alle Unkosten, was nicht allzuviel war. Der Wagen war freiwillig abgegeben worden; sie hatten ihn morgens draußen geparkt gefunden und die Schlüssel im Briefkasten. Am Schluß händigten sie mir noch eine Champagnerkiste voll persönlicher Besitztümer aus dem Wagen aus, die ich im Kofferraum verstaute. Dann fuhr ich los und ließ meinen Toyota über Nacht auf ihrem eingezäunten Parkplatz zurück.

Der Lincoln war ein richtiges Schlachtschiff mit einem Autotelefon, von dem aus ich in Sacramento anrief, um vom SRS die Übersicht über Goldthorpes Wagen zu kriegen. Ja. Wie ich's mir gedacht hatte. Während ich in der Rush-hour auf die Golden Gate Bridge zufuhr, versuchte ich herauszukriegen, ob diese persönlichen Gegenstände irgendeine geheime oder übertragene Bedeutung hatten: eine Schachtel Kleenex, sieben Päckchen steinharter Kaugummis, drei Drei-Pfund-Büchsen Kaffee, eine Taschenlampe, ein Krankenschwestern-Comic, eine Rechnung für eine Kiste Dom Perignon und zehn Pfund Trockeneis sowie zwei leere Patronenhülsen eines .44er Magnum.

Das leuchtete einem nicht auf Anhieb ein, es sei denn, man dachte sich einen überempfindlichen Kaugummikauer, der sich an dem zu alten Kaugummi einen Zahn ausgebrochen hatte, sich darüber mit einem Krankenschwester-Comic und, als er den Kaffee nicht aufbekam, eiskaltem Champagner hinwegzutrösten versuchte, schließlich verzweifelte und sich mit einem .44er Magnum erschoß.

Mutmaßungen können, wie auch Statistiken, weit überschätzt werden.

Ich kroch mit dem Rest der Rush-hour-Ameisen über die Brücke nach Marin. Vergessen Sie alles über Schönlinge, Yuppies, Whirlpools und Drogenhändler, die pfundweise Geld haben: Marin stellt es in den Schatten. Das Civic Center wurde an die Bauunternehmer verkauft, aber ein paar Jahre lang wird man hier noch unbebautes Land, hinreißende Ausblicke und einen individuellen Lebensstil finden, der nicht von der Nationallaune abhängt. Southern Marin kann es jederzeit mit Beverly Hills aufnehmen; in Außenbezirken gibt es nicht nur noch einige Hippie-Enklaven, sondern sogar ein paar verwahrloste Beatniks, deren Jeans seit 1955 kein Waschmittel mehr gesehen haben.

Es war dunkel, als ich die kurvenreiche, von der Route 1 abzweigende Asphaltstraße den Mount Tamalpais hinauf zu der Adresse fuhr, die mir die Blondine gegeben hatte. Das Haus lag in einem der kleinen Wohngebiete oberhalb des Mill Valley. Ich konnte die staubigen Pollen des schottischen Ginsters riechen, mit dem allmählich der ganze Berg zugewachsen war. Als der andere Wagen in meinem Rückspiegel zu rasch näher kam, ungefähr eine halbe Meile vor der Abzweigung zu Judis Haus, drückte ich gerade noch rechtzeitig auf den Fensterknopf.

Etwas Kurzes, Dickes, das aussah wie eine israelische Uzi, ragte aus ihrem offenen Fenster. Mündungsfeuer beleuchtete ihre angespannten braunen Mördergesichter. Möchtegern-Mörder; wimmernd und funkensprühend schlugen die Kugeln harmlos gegen die Kevlar-Verkleidung des Lincoln und prallten von den Panzerglasscheiben ab.

Die konnten mich mal. Ich saß in drei Tonnen Stahl. Ich riß das Lenkrad herum. Metall kreischte gegen Metall, die Limousine flog hoch und drehte sich schon mitten in der Luft, als sie über den Straßenrand außer Sicht stürzte. Ich konnte mir ausmalen, wie sie in einer Wolke glänzender Eukalyptusblätter seitlich durch die Bäume krachte wie ein verletzter Karpfen, der kieloben durch einen Schwarm Silberschuppen treibt. Ich hielt nicht an. Jemand, der zäh genug war, von dort unten noch wegzulaufen, war auch zäh genug, allein nach Hause zu finden.

Mann, die lagen mir nicht auf der Seele; die waren mit diesem Geschäft verheiratet.

Das Haus klammerte sich mit Betonfingernägeln über einem steilen, mit Fettholz, Salbei und Ginster bewachsenen Hang an den Berg. Auf dem Einstellplatz auf dem Dach stand ein schnittiges neues Mustang-Cabrio; die Schlafzimmer waren im Kellergeschoß, und der Blick aus den großen Fenstern des Wohnraums war ein fantastisches 180-Grad-Panorama der fernen Stadt und der sich hinstreckenden Bucht in Schwarzweiß.

Judi schien sich wirklich zu freuen, daß ich kam; sie umarmte mich fest, als ich durch die Tür trat, und wich dann mit verwirrter Miene zurück: »Du zitterst ja! Alles in Ordnung?«

Drei Männer sind tot. Alles in Ordnung?

»Nichts, das ein Glas Champagner nicht wieder ins Lot bringen würde.«

Sie klatschte entzückt in die Hände. »Ich habe ein paar Flaschen Dom Perignon auf Eis, weil...«

Sie führte den Satz nicht zu Ende, als ob er plötzlich in eine innerliche Sackgasse führen würde, in die sie nicht hineinwollte. Während sie zur Bar in der Ecke ging, bewunderte ich die Aussicht. Ihr durchsichtiges Spitzenhemdchen und ihr kurzer roter Seidenmorgenrock, der einen schwarzen Spitzensaum hatte und nachlässig offenstand, trugen sehr wenig dazu bei, die Sehenswürdigkeiten zu verbergen.

»Erwarten Sie Ihren Mann?« fragte ich heiser. Drei Killer waren getötet worden, und ich selbst hatte überlebt, und doch war ich angeschwollen wie nach einer Prise gemahlenen Rhinozerushorns. Mitten im Tod sind wir im Leben.

»Er sollte eigentlich heute abend heimkommen, aber...«, sie zuckte die Achseln, als sie die Flasche Dom Perignon auf die Theke stellte. »Aber er ist weg.«

»Weit weg?« Ich fühlte mich ein wenig kratzig.

»Über Nacht.«

Ich räusperte mich. »Sie sagten, er würde Sie umbringen, wenn er wüßte, daß sein Wagen wegen Ihnen konfisziert worden ist.« Ich machte eine dramatische Pause. »Ich habe gerade drei Typen getötet, als ich ihn Ihnen zurückbrachte.« Sie wollte in ihr Kleinmädchenkichern ausbrechen, hielt aber inne, als sie mir in die Augen sah. Ich machte eine Handbewegung. »Gehen Sie hinaus, und sehen Sie sich Ihren Wagen an.«

Ich stand am Panoramafenster und tat, als betrachte ich die Aussicht. Auf dem Höhepunkt der Profifootball-Schlachten sagt oder tut man auch vieles, was schädlich ist. Aber das meiste davon ist vorsätzliche Einschüchterung oder ein taktischer Trick, um den anderen wütend zu machen, damit er einen vor den Augen des Schiedsrichters foult und man einen Strafstoß kriegt.

Hier handelte es sich darum, daß drei Männer *tot* waren. Ja, sie hatten geplant, mich umzubringen, und es war ihnen nur deshalb nicht gelungen, weil der Lincoln kugelsicher war und Berufssportler darauf trainiert sind, zuerst zu handeln und dann zu denken. Aber vielleicht lagen sie mir doch schwerer auf der Seele, als ich im ersten Hochgefühl des Überlebens geglaubt hatte.

Judis Hände waren auf meinen Armen und drehten mich vom Fenster weg. Ihr hungriges Gesicht preßte sich gegen meines, ihre Kleinmädchenstimme sagte: »Armer Schatz! Denk nicht drüber nach . . .«

Der seidene Morgenmantel lag als karmesinrote Flamme zu unseren Füßen auf dem Teppich; die schwarze Spitze löste sich zwischen meinen Fingern wie Spinnweben im Nichts auf . . . Ihr Fleisch fieberte der Berührung entgegen. Eine kleine Weile gab es keinen Gedanken, kein Gewissen, nichts als Drängen gegen nachgiebiges Drängen, kratzende Fingernägel und schließlich ihre leisen Schreie der Erfüllung, die auch mich zur Erfüllung brachten.

Danach saßen wir auf der Couch, tranken eiskalten Dom Perignon und genossen die Aussicht. Ich erzählte ihr von dem Angriff. Sie schüttelte im Halbdunkel den Kopf, und ihr helles Haar schimmerte bei der Bewegung wie reifer Flachs. Als ich mein Gesicht darin vergraben hatte, hatte es nach Kräutershampoo gerochen.

»Aber wer sollte dir folgen und . . . dich zu töten versuchen?«

»Wahrscheinlich jemand, der mich für deinen Mann hielt. Was tut er denn, daß er in einem kugelsicheren Wagen herumfahren muß?«

»Er importiert Edelsteine. Jetzt ist er gerade in Europa . . .«

»Ja. Jemand glaubt wohl, er komme mit einer Tasche voll ungeschliffener Diamanten aus Antwerpen oder Rotterdam zurück.«

Als deprimiere sie die Erkenntnis, daß sie eine verheiratete Frau war, die gerade auf dem Wohnzimmerboden ihren Treueschwur mit einem Mann gebrochen hatte, den sie erst seit dem Morgen kannte, stand sie auf und begann mit fließender, schwebender Grazie durch den Raum zu schreiten.

»Als ich eben den Wagen angeschaut habe«, sagte sie im Gehen, »habe ich nicht gesehen . . . ach, ich hatte ein paar Lebensmittel und –«

»Diese verdammten Inkasso-Typen!« rief ich aus. »Ich fahre zurück und lasse mir noch heute abend deine persönliche Habe aushändigen.«

»Nein! Bitte!« Dann wich der eindringliche Ton aus ihrer Stimme. »Mach dir keine Mühe deswegen. Es läßt sich alles leicht ersetzen.«

Ich sagte, ich wolle lieber den Lincoln nehmen, wenn ich zurückfuhr, um den Überfall anzuzeigen. Sie war einverstanden. Es war ein peinlicher Moment, als wir uns verabschiedeten; plötzlich wurden wir wieder das, was wir wirklich waren, zwei Fremde, die sich begegnet waren, eine Beziehung angeknüpft hatten und sich jetzt wieder trennten. Was wir voneinander gebraucht hatten, hatten wir bekommen.

An der Tam Junction wischte ich alle Stellen ab, die ich in der kugelzernarbten Limousine berührt hatte, nahm die persönliche Habe aus dem Kofferraum und ließ den Wagen auf dem Parkplatz unter dem Freeway stehen. Ich rief auch, ohne meinen Namen zu sagen, die Bullen an und teilte ihnen mit, daß der Wagen in der Nähe des Gebirges in die Schießerei verwickelt war. Sie würden sich prächtig damit amüsieren, eine Verbindung zwischen dem kugelgespickten Lincoln und den drei toten Männern herzustellen, vor allem dann, wenn sie merkten, daß die Zulassung auf einen anderen Toten lief.

Nach der Busfahrt in die Stadt konnte ich nicht schlafen. Es war ein Gefühl wie in der Nacht vor Super Bowl. Ich stand auf, machte mir im Mikrowellenherd eine Tasse Tee heiß, schaltete MTV an und versuchte zu analysieren, was mich innerlich umtrieb.

Genau! Die Rechnung für den Champagner und das Trockeneis. Mir fiel irgendein vergessener Chemiekurs ein. Trockeneis! Das schlichte alte Kohlendioxid. Ein geruchloses, farbloses, nicht brennbares Gas. Man findet es in natürlichen Quellen oder gewinnt es durch Kohlendydrat-Fermentation aus Kohle oder Erdgas. Etwa 0,03 Prozent der Atmosphäre in Meereshöhe. Bei Anstrengung wird es durch Verbrennung von Blutzucker in unterschiedlichen Mengen im Körper produziert und dann vom venösen Blut in die Lungen transportiert und ausgeatmet. Wird in kohlesäurehaltigen Soft-drinks und Feuerlöschern verwendet und, unter der Bezeichnung Trockeneis, zur Kühlhaltung.

Endlich konnte ich einschlafen.

Als ich mich vom Football zurückgezogen hatte, hatte ich von meinen 140 Kilo Spielgewicht 10 Kilo verloren, und arbeite hart daran, sie nicht wieder anzusetzen. Ich habe in meiner Wohnung ein Schrägbrett und eine Ablage voller Hanteln für schnelles Konditionstraining zwischendurch, wenn ich an einem Fall arbeite. Jetzt trainierte ich konzentriert fünfundvierzig Minuten lang und telefonierte nach dem Duschen erst nach einem Taxi und dann mit Red Delaney im Gerichtsgebäude. Zufällig war er da.

»Ich weiß, daß man annimmt, Goldthorpe sei eines natürlichen Todes gestorben«, sagte ich, »aber lassen Sie mich was dazu sagen. Haben die Laboruntersuchungen nach seinem Tod irgendwelche Spuren von –«

»Was wollen Sie damit sagen – annimmt? Er *ist* eines natürlichen Todes gestorben!«

»Gut. Wurden bei der Blutuntersuchung Spuren von Beruhigungsmitteln gefunden?«

Ich hörte, wie er in etwas blätterte. »Ja. Wahrscheinlich zehn Milligram von etwas wie Dalmane. Aber bei einem Alkoholspiegel von nur einem Promille reicht das ganz sicher nicht, um den Tod auszulösen, falls es das ist, was Sie denken.«

»Ich denke überhaupt nichts.«

»Ihr normaler Zustand.«

»Ein kleiner Strohkopf eben. Wenn ich so drüber nachdenke, dann liegt hier das Problem dieses ganzen verdammten Szenarios – zu viele Leute denken, schlaue Typen schnarchen nicht.«

Unten auf der Straße hupte mein Taxi. Ich legte auf und ging hinunter. Ich fand Heslip und Ballard in einem der Hinterzimmer des Inkassobüros, bis zu den Knien in einem unvorstellbaren Durcheinander von Besitztümern – alte Kleider, Taschenlampen, Werkzeugkästen, Briefe, Zahlungsbücher und Straßenkarten, Zeitschriften, Kondomschachteln und, als Kontrast, eine noch ungeöffnete Packung Pampers vom Umfang eines Abfalleimers.

»Ein Einbruch in die Schließfächer des Aufbewahrungslagers, ist das zu *fassen*?« fragte Ballard mürrisch.

Ich hatte es erwartet, die letzte Zahl in meiner Gleichung. Jetzt war ich mir über das *wer* und *wie* im klaren – ich wußte bloß nicht, *warum*. Noch nicht.

»Was haben sie mitgenommen?«

»Wer kann das schon sagen?« meinte Heslip. »Die persönlichen

Gegenstände in einem Inkassobüro verlocken mich im allgemeinen nicht dazu, sie mitzunehmen und mich in ein Land abzusetzen, das nicht ausliefert.«

Als ich zu den Büros von Goldthorpes Kaffee-Import und zu dem Lagerhaus im China Basin, Nähe Third Street, kam, stand dort das Mustang-Cabrio. Natürlich: das alte Natter-am-Busen-Szenario. Mit zwei Werftarbeitern, die mich für einen Cop hielten, spielte ich Frage und Antwort. Nein, Goldthorpes Tod hatte hier nicht viel verändert. Die Kaffeepreise waren wie immer, und das Geschäft ging sowieso den Bach hinunter. Er hatte die meiste Zeit damit verbracht, in Südamerika Kaffee einzukaufen. Besser mal mit Judi Anderson reden. Ich trat gegen einen Reifen des Mustang-Cabrios. »Gehört der ihr?«

»Genau.« Der junge Mann hatte Aknepuder auf dem Kinn und ein dreckiges Lachen. »Nicht, daß sie's selber gezahlt hätte.«

»Halt's Maul, Harry!« sagte der Ältere viel zu spät.

Ich ließ sie stehen, während sie einander wild anstarrten, und ging durch das Lagerhaus mit den Leinensäcken, den Zollspeicher-Siegeln und dem starken Geruch gerösteter Kaffeebohnen. Ein Flur führte an den Toiletten vorbei zu den im vorderen Teil gelegenen Büros. Hier trat das Funktionale hinter dem äußeren Schein zurück: Hartholzwände, Original-Ölgemälde, Möbel mit wuchtigen Beinen, um den Eindruck einer traditionsreichen Firma zu erwecken. Ich steckte meinen Kopf durch eine Tür nach der anderen und sagte »Entschuldigung«, bis ich sie endlich allein hinter einem extravaganten Hartholzschreibtisch fand.

Das schimmernde blonde Haar war am Hinterkopf zu einer Art Knoten aufgesteckt, was ihr ein altmodisches Aussehen verlieh, und ihre makellosen Gesichtszüge waren entweder ohne jedes Make-up oder so kunstvoll geschminkt, daß man es nicht sah. Sie hatte viele verschiedene Gesichtsausdrücke. Jetzt riß sie die Augen weit auf, als sie mich sah. Sie glitt aus ihrem Sessel und kam durch den Raum auf mich zu.

»Thaddeus! Was...«

Ich setzte mein breitestes, dümmstes Grinsen auf. »Hey, ist schon okay, daß du mir vorgemacht hast, du seist mit irgendwem verheiratet, wenn du in Wirklichkeit Goldthorpes Freundin warst. Was blieb dir anderes übrig?«

Sie sah sich nervös um. »O Thaddeus, hier können wir nicht reden, aber ich möchte schrecklich gern...« Ein plötzlicher Einfall erhellte ihr Gesicht. »Wieder bei mir? Heute abend? Dann kann ich dir alles erklären.«

Ich sagte, das sei prima. Sie legte die Hände auf meine Oberarme wie am Abend zuvor, als sie mich vom Fenster weggedreht hatte, und sah beschämt drein.

»Ich ... wußte nicht, was ich sonst tun sollte. Ich ... mußte den Wagen zurückhaben, und hatte Angst, daß diese Männer vielleicht ...«

»Hey, Süße, ich hab doch gesagt, das ist okay.«

»Ich habe solche Angst, und ich will einfach ... ich will, daß mir jemand sagt, was ich tun soll, damit ich sicher bin ...«

»Klar.« Ich hätte mir fast die Lippen geleckt. »Wie gestern abend.«

Sie warf noch einmal einen raschen Blick in den Flur, dann stellte sie sich auf Zehenspitzen, um mich zu küssen. Es war kein flüchtiger Kuß. »Ja!« hauchte sie in meinen Mund und fügte dann leidenschaftlich hinzu: »Wie gestern abend!«

Auf dem Heimweg machte ich wegen der *Examiner*-Schlagzeilen über die Toten in Marin und Goldthorpes kugelgespickten Lincoln halt. Es hatte sich um Kolumbianer gehandelt. Aus Kolumbien kommt Kaffee, und Goldthorpe war ein Kaffee-Importeur gewesen. Offensichtlich ein Schlag, der mit der Frage zusammenhing, wessen Kaffee das vollste Aroma hatte.

Garantiert.

Wenn man einen Menschen beobachtet, der etwas ihm Unbekanntes gründlich untersucht, wird man – zum Teufel mit den Anhängern der Schöpfungsgeschichte – einen aufrecht gehenden Affen sehen, keinen gefallenen Engel.

Wir sind dann plötzlich Schimpansen, die Steine umdrehen, weil Larven drunter sind. Ich nenne es immer die Schimpi-Tour.

Ich holte die Champagnerkiste aus ihrem Versteck und breitete alles auf meinem Küchentisch aus. Die Taschenlampe wäre ein sehr vielversprechendes Versteck gewesen, erwies sich jedoch als Fehlschlag. Der Kaffee bildete auf den ausgebreiteten Zeitungen einen Haufen, aber es war kein Schatz drin.

Würde ich das, wonach ich suchte, überhaupt erkennen, wenn ich es fand? Etwas, daß es jemandem wert war, mir tausend Dollar zu zahlen, wenn ich es wieder beschaffte. Etwas, das drei braunhäutige Männer wert war, die in einem Hinterhalt jedem auflauerten, der im Wagen des toten Goldthorpe auftauchen würde, und bei der Aktion draufgingen.

Dann kam mir eine raffinierte Idee. Wenn es denkbar war, daß jemand etwas in einer Kaffeedose versteckte und sie nachher wieder versiegelte, wieviel leichter ging das dann mit einem Päckchen alter Kaugummis? Es war enttäuschend, es war so banal.

In einem der Päckchen war das Baseball-Bild mit den Giants kein Baseballbild. Es war ein Abholschein.

Die Bushaltestelle an der Seventh, Ecke Market war im üblichen Zustand: groß, hallend, kahl, kalt, voller Leute, die ihre besten Jahre hinter sich hatten oder, in wenigen Fällen, noch vor sich. Minderheiten, ältere Menschen, Soldaten, Arbeitslose und Arbeitsunfähige, die dritte Generation von Sozialhilfeempfängern. Und dann natürlich die Frauenschänder und Ganoven und Zuhälter, die sich durch die Menge schoben und warmes Fleisch suchten, um ihre mannigfaltigen Psychosen zu nähren.

Die Frau hinter dem Ladentisch reichte mir eine große Sporttasche, so eine, in der man seine verschwitzten Sachen und seine Reebok-Turnschuhe und zwei Paar Turnsocken und ein Handtuch und ein Springseil und die Handtrainer unterbringt.

Alles, was sich in dieser Sporttasche befand, roch nach Kaffee. Und ich erinnerte mich an eine besondere Eigenschaft des Kaffees: Ein Hund ginge glatt dran vorbei, wenn sich ein Hase in einer Kiste Kaffee verstecken würde.

Ich öffnete sie unten in der Townsend Street, wo ich auf der einen Seite stillgelegte Eisenbahnschienen, auf der anderen leere Lagerhäuser hatte und unbeobachtet Schweiß vergießen konnte.

Zwar glaubte ich zu wissen, was sich in der Tasche befand, aber immerhin waren schon vier Leute tot. Lieber nicht noch einen halben Häuserblock von Leuten hinzufügen, die gerade beim Einkaufen waren. Was die Tasche enthielt, war wie jener Vers bei Jesaja: Alle Täler sollen erhöht werden, und alle Berge und Hügel sollen erniedrigt werden, und was ungleich ist, soll eben, und was höckrig ist, soll schlicht werden.

Jetzt wußte ich alles, nur noch nicht, wie er ihr begegnet war. Ich brauchte mich nicht zu fragen, wie sie ihn dazu gebracht hatte, mit ihr zu gehen: Sie hätte einen Erzbischof dazu gebracht, den Opferstock zu plündern.

Guckguck war nicht erreichbar, aber dafür fand ich Delaney in der niedrigen, düsteren Cafeteria unten im Gerichtsgebäude. Er fluchte furchtbar herum, holte mir aber dann doch ihre Akte. Nicht viel, aber genug: Hauptzeugin in einem drei Jahre zurückliegenden Mordfall. Nie wegen irgend etwas angeklagt worden. Dann unterhielt ich mich ernsthaft mit ihm. Irgendwie schien ich seinem Teint nicht zu bekommen; als ich ihn verließ, war sein Gesicht so grau wie sein Haar.

Dann sprach ich mit Guckguck. Schließlich war er ja der Leiter des Morddezernats. Ich machte ein paar Bemerkungen, um ihn aufzulokkern, und erhielt, da er keinen Spaß vertragen konnte, aus seinen kalten Fischaugen ein visuelles *mano nera* zurück.

»An einem der nächsten Tage, Krajewski, erwische ich Sie allein in einer engen Gasse. Und dann, einfach mal so zur Übung –«

»Ich weiß, dann schlag ich mir, einfach mal so zur Übung, an Ihrer Nase die Knöchel wund. Aber zuerst werden Sie dumm aus der Wäsche schauen, im gleichen Moment, wo ich Ihnen eine große, saftige Verhaftung wegen Mordes beschere . . .«

Judi riß heftig die Tür auf und küßte mich auf den Mund, atemlos, mit funkelnden Augen, und brachte die Wärme und den Duft eines Holzfeuers mit sich. Sie nahm meine Pratzen in ihre Hände und führte mich in den Wohnraum. Das Licht war aus; das Feuer warf bewegliche Licht- und Schattenmuster auf Boden und Wände; und der langsam schäumende Dampf senkte sich um einen großen Eiskübel herum auf den weißen Teppich aus Bärenfellimitat.

»Was ist da drin? Raketentreibstoff?«

»Etwas Stärkeres. Dom Perignon.«

»Was feiern wir denn?«

Sie ließ meine Hände los, wirbelte in der Mitte des Zimmers herum, und die langen Zipfel ihrer weißen, maßgearbeiteten Bluse sahen aus wie ein Minirock. Schwindlig fiel sie an mich.

»Daß wir reich sind. Daß wir frei sind.« Ihre Augen, die plötzlich riesig waren, suchten meine. Mit ihrer Kleinmädchenstimme fügte sie als Frage hinzu: »Daß wir sicher sind?« Dann eindringlich: »Wenn du mir treu bist, Thaddeus, dann weiß ich, daß ich sicher sein werde.«

»Hey, war Sam Brigid treu? Du kannst auf mich zählen, Kleine.«

Sie schmiegte sich wieder in meine Arme. Ich versuchte einen kühlen Kopf zu behalten, während alles um mich herum ihn verlor. Ich sagte: »Dein Einbrecher im Inkassobüro gestern nacht hat die Besitzstücke aus Goldthorpes Panzerlimousine deshalb nicht gefunden, weil ich sie mitgenommen hatte.«

Sie lächelte träge zu mir auf. »Was hast *du* gefunden?«

»Einen Abholschein.« Ich trat einen Schritt zurück, um ein viereckiges Stück Karton aus meiner Jackentasche zu ziehen. »Ich hatte noch keine Gelegenheit, zu erfahren, was Goldthorpe damit abholen wollte, aber...« Ich machte eine Pause. »Aber ich glaube, wir sind gerade Partner geworden.«

Sie sagte nichts. Sie küßte mich.

»Dann hätten wir das ja«, meinte ich mit einem breiten, blöden Grinsen. »Jetzt müssen wir noch herauskriegen, ob es das ist, was ich vermute.«

»Zuerst Champagner!« rief sie aus.

Neben dem Dom Perignon steckten zwei langstielige Champagnergläser im Trockeneis. General Sternwood hatte gesagt, man solle Champagner kalt wie Valley Forge trinken, und auf den hier traf das zu. Die Zeit verging, und wir leerten eine Flasche nach der anderen, während wir nebeneinander auf jenem albernen Teppich lagen. Dom Perignon kriege ich nicht jeden Tag. Manchmal schenkte ich ein, manchmal sie. Es wurde allmählich stickig hier drin. Geheimnisvoll spielte der Feuerschein auf ihren makellosen Zügen.

»Was meinst du, was wir finden werden, Thaddeus?«

»Eine Menge ungestrecktes Kokain«, sagte ich schwerfällig.

Ihre Augen wurden sehr groß. »Kokain! Du meinst, Eric war –«

»Hör mal, Süße«, tadelte ich sie undeutlich, »wir müssen jetzt offen zueinander sein. Du hast ihn dazu gebracht, nachdem die Zinsen von Daddys Treuhandvermögen nicht mehr reichten...« Sie schwieg lange und brachte dann ein Lächeln zustande. Es war ein kleines, vorsichtiges Lächeln, bei dem man an ein Kätzchen denken mußte, das unter einem fremden Bett hervorkommt. »Es war leicht, du hattest ja eine Verbindung nach Kolumbien. Ich erinnere mich an dein Foto aus der Zeitung...« Ich log, denn ich hatte es in ihrer Akte gesehen. »Ein paar Drogenmorde...«

»Du bist ziemlich klug, Darling.«

»Er konnte es leicht ins Land bringen – der Kaffeegeruch führt die Drogenhunde am Zoll auf die falsche Fährte. Das eigentlich Gefährliche war die Übergabe des Kokains an die Dealer. Die Kolumbianer.«

Ich starrte sie wieder im Kerzenlicht an. Das Lächeln war sicherer geworden, wie das gleiche Kätzchen einen Tag später.

Sie sagte: »Die Idee mit dem Inkassobüro war mein Beitrag.«
Ich nickte. »Raffiniert und verschlagen.« Ich hatte entschieden den Eindruck, daß ich undeutlich sprach. »Er versteckt die Drogen in der Gepäckaufbewahrung an der Bushaltestelle. Nachdem er das Geld genommen hat, läßt er den Abholschein in einem Päckchen Kaugummi in seinem Wagen und geht sicher, daß der Wagen konfisziert wird. Die Kolumbianer lösen ihn aus, holen sich den Schein und das Kokain. Falls irgendwas schiefgeht, ist er nicht darin verwickelt.«

»Ich denke, es war ein sehr guter Plan«, sagte sie ein wenig abwehrend. Ich lachte herzlich und hielt ihr mein Glas hin.

»Klar, für dich.«

Sie schenkte ein. Ich verschüttete das meiste auf den Teppich. Dann legte ich mich auf den Rücken und balancierte das Glas auf meinem Brustkorb. Sie lächelte.

»Für Eric nicht?«

»Der gute Eric, er stirbt gerade rechtzeitig, damit du das Geld kriegst, das er schon kassiert hat. Dann bietest du einem Kerl zu viel Geld dafür, daß er den Wagen auslöst, bevor die Kolumbianer es tun. Du kriegst sowohl das Dope, als auch das Geld . . .« Sie war ein undeutlicher schwarzer Ausschnitt gegen den flackernden Feuerschein. Jetzt stolperte ich endgültig über meine Worte. »Hass' nich' erwartet, daß'ch an dem Abend vorm Haus war, hass'n Erics Sportjacke und sein' Hut rauskommen müssen. Jacke 'ssu groß, Hut 'ssu klein – wegen dem vielen Haar, das drun'er versteck' war.«

»Eric starb an Apnoe«, sagte sie leise.

Aber ich war in Fahrt gekommen. »'ch hab dich in seiner Limousine vorbeifahr'n seh'n, *ohne* Sonnenbrille un' Hut. Pri . . . Privatkennzeichen. Gleicher Wagen, den ich am nächs'en Tag ausgelös' hab.« Ich gähnte plötzlich. »Aber was mach' das für'n Unterschied? Wir hol'n uns 'n Koks, wir sin' reich . . .«

Mein Kopf fiel auf den Teppich zurück. Ich begann von einem Moment auf den andern zu schnarchen. Nach ungefähr einer Minute sagte sie leise: »Thaddeus? Liebling?« Ich drehte mich grunzend um und hörte für zwanzig Sekunden zu atmen auf. Dann fing ich wieder an zu schnarchen. Sie hatte meinen Champagner mit Dalmane versetzt, aber es fiel mir nicht schwer, dagegen anzukämpfen: Ich hatte eine Menge Muskelgewebe, das es absorbierte.

Ihre Hand glitt in meine Tasche, um den Schein herauszuholen. »Leb wohl, Dummkopf«, sagte sie leise.

Selbst mit geschlossenen Augen konnte ich das Geräusch ihrer raschen Bewegungen verfolgen. Wie sie ihr Glas mit in die Küche nahm, um es zu spülen. Wie sie Wasser in den Kübel goß, als sei Eis geschmolzen, und ihn zusammen mit den leeren Champagnerflaschen neben mir auf dem Teppich stehen ließ. Wie sie den dicken Klumpen Trockeneis neben meinem Kopf plazierte.

Trockeneis. Pures Kohlendioxid. Farblos, geschmacklos, geruchlos. Ein schweres Gas, das beim Schmelzen die Luft ersetzt und sich um Goldthorpes Kopf lagerte, um meinen Kopf. Man schläft, leicht sediert. Man atmet statt Sauerstoff Kohlendioxid. Bei drei Prozent, hundertmal mehr als normal, verdoppelt sich die Atmung. Bei sechs Prozent keucht man. Wenn man dann erwacht, ist man in einem verwirrten Zustand. Bei zehn Prozent schlägt man um sich und ringt nach Luft, aber dann ist es zu spät.

Denn bei dreißig Prozent ist man tot.

Inzwischen würde das Trockeneis wegschmelzen, das freie Gas sich verflüchtigen. Alles verschwunden. Kohlendioxid hinterläßt im Gegensatz zu Wasser keine nassen Flecken. Wenn man das Blut der Leiche untersucht, ergibt sich nur eine hohe Kohlendioxid-Konzentration – wie bei Tod durch Apnoe. Fall abgeschlossen.

Leise wurde die Vordertür zugezogen. Ich atmete durch das Gas bereits schwerer als normal. »So ein Dummkopf auch wieder nicht«, sagte ich laut. Das Netz würde sich jeden Moment um sie zuziehen.

Draußen fiel ein Schuß!

Ich sprang auf die Füße, rannte nach draußen und zum Einstellplatz und blieb stehen, um auf Judi hinunterzustarren, die neben der offenen Tür ihres Mustang lag. Ich ließ mich auf einem Knie neben ihr nieder. Kein Puls. Ich sah zu Guckguck hinauf.

»Sie haben sie erschossen«, sagte ich stumpfsinnig. »Sie sollten sie doch nicht erschießen.«

Er hatte immer noch seinen Dienstrevolver in der Hand, einen schokkierten Ausdruck im Gesicht. »Ich . . . ich hab ihr gesagt, sie soll aufhören. Sie wollte etwas aus ihrer Tasche holen, ich dachte . . . es sei eine Waffe . . .«

Ich stand langsam auf. Sie hatte einen Mann umgebracht und mich in eine Situation gebracht, in der ich drei weitere Männer tötete; sie hatte vorgehabt, auch mich zu töten . . . ich wußte nicht, was ich empfand, außer Selbstekel. Was für ein kluger Kerl! Ich hätte es kommen sehen müssen.

»Wahrscheinlich ein Abholschein«, sagte ich schwerfällig.
»Genau. Das weiß ich jetzt auch.« Er hielt ihn hoch. »Beweisstück.«
Ich schüttelte den Kopf. »Das Problem ist, Guckguck, daß die Leute wirklich denken, dicke Kerle wären doof.« Ich spürte Wut in mir aufsteigen und ließ es zu. Es gefiel mir. »Wir bewegen uns schwerfällig; wir haben Wurstfinger; wir haben zu tiefe Stimmen und ein zu blaues Kinn. Dicke Kerle können nicht tragisch sein; dicke Kerle können nicht schlau sein.«

Ich trat einen Schritt auf ihn zu.

»Aber seit meiner Kindheit, als ich größer war als alle meine Mitschüler, mußte ich auch schlauer sein. Ich *mußte*. Wie kommt es, daß die Cops mich vor Goldthorpes Haus verhaftet haben? Ich hatte geparkt, wo niemand in meinen Wagen sehen konnte. Also war die Meldung, die sie dort hinrief, falsch. Warum? Als wir ihn tot entdeckten, wußte ich, daß man damit gerechnet hatte, daß ich am nächsten Morgen auftauchen und die Leiche finden würde.«

Guckgucks großflächiges, grobes Gesicht war verwirrt.

»Wollen Sie damit sagen, daß Goldthorpe Sie *nicht* angerufen hat?«

Ich wies auf Judis toten, zerstörten Körper. Die Wut, die durch das Gespräch wieder abgeflaut war, schäumte von neuem in mir hoch. »Natürlich nicht. Sie und ihr Partner brauchten ihn tot – aber er mußte schnell gefunden werden, damit sein natürlicher Tod erwiesen und der Fall abgeschlossen wurde. Egal, was irgendein Privatdetektiv ohne Beweise über irgendwelche Morddrohungen sagte.«

Er schüttelte den Kopf, vielleicht amüsiert, wenn wir nicht über der Leiche einer Frau gestanden hätten, die er gerade getötet hatte.

»Ich muß Ihnen jetzt recht geben, daß sie eine Killerin ist – obwohl ich dachte, Sie seien verrückt, als Sie das vor kurzem äußerten. Aber ein Partner? Kommen Sie.«

Ich nickte. »Sie, Guckguck.«

»*Ich?* Ich habe sie ja nie zuvor –«

»Sie haben sie vor zwei Jahren im Zusammenhang mit der Verhaftung eines kolumbianischen Drogenhändlers verhört – ich habe ihn gestern abend auf diesem Berg hier getötet. Es steht in ihrer Akte, Guckguck, aber ich brauchte das gar nicht, um zu wissen, daß es sich auf meinem Anrufbeantworter um Ihre verstellte Stimme handelte. Erst tauchten Sie bei Goldthorpe auf, nicht mal im Dienst, und dann –«

»Sie spinnen, Krajewski.«

»Und dann, einfach mal so zur Übung, kommt Judi und löscht am nächsten Morgen das Band in meinem Anrufbeantworter, bevor sie mich aufweckt. An diesem Nachmittag war es Ihnen scheißegal, ob ich Ihnen das Band gab oder nicht – weil sie Ihnen ja schon gesagt hatte, daß es gelöscht war.«

Sein Blick war düster geworden. »Sagten Sie eben ›einfach mal so zur Übung‹?«

»Ja. Eine ziemlich ausgefallene Redewendung. Sie verwenden sie, zu oft. Die Stimme auf dem Band sagte es auch.«

Er lachte boshaft in sich hinein. »Na ja, ohne das Band, um Stimmenvergleiche zu machen...«

Um ihm zu zeigen, wie klug ich wirklich war, redete ich weiter.

»Oh, daran hab ich gedacht. Judi hat nur eine Kopie gelöscht, die ich im Apparat gelassen habe –«

Er schoß auf mich.

Die Kugel traf mich hoch in der Brust, neben dem Schlüsselbein, nicht tödlich, weil ich mich schon bewegte, als mein Bewußtsein noch gar nicht wußte, daß er schießen würde. Es fühlte sich etwa so an wie der Ellbogen eines Blockers, wenn man den Passer angreift, aber ich, in jeder Situation fähig, mich klar auszudrücken, sagte etwas wie »Aa-ahhh!«

Er gab noch zwei weitere Schüsse ab, beide wild, weil meine dicke Pranke bereits seine Hand, die den Revolver hielt, zu Brei drückte. Er schrie, und dann hatte ich ihn nach hinten über die Motorhaube gelegt und würgte ihn, wobei es mir egal war, was zuerst brach, sein Halswirbel oder sein Rückgrat. Diese Arbeit gefiel mir; sie gefiel mir sehr. Wie es ja auch so schön heißt, daß der erste Mord der schwerste ist.

Aber dann schrie irgendein Idiot und schlug mir einen Revolverknauf auf den Schädel. »Knochenbrecher – *nein!* Er muß vor Gericht! Nein!«

Ich ging zu Boden. Guckguck kauerte auf Gesicht und Knien neben mir, gab Würgelaute von sich und war dunkelrot im Gesicht. Ich versuchte ihn in die Schläfe zu treten, war aber zu müde. Ich sah zu Delaney hinauf. Durch das Blut, das über mein Gesicht lief, wurde er jünger, sein Haar war jetzt rot statt grau. Er kauerte sich neben mich, den Revolver immer noch in der Hand.

»Wie schlimm ist das mit der Schulter?«

»Wie ein stummer Mund öffnet sie ihre rubinroten Lippen.«

Er stand auf. »Mein Gott, Sie sind ein Arschloch, Knochenbrecher.«

Guckguck stöhnte, rollte sich auf die Seite, und ihm rann etwas Blut aus dem Mund.

Ich sagte erwartungsvoll: »Lassen Sie mich ihn erledigen, dann kann er sich nicht irgendwie aus der Schlinge ziehen.«

»Wenn die ihn laufenlassen, übernehme ich das selbst.«

Und seine Züge wurden plötzlich von einer so wilden Wut überflutet, daß ich wußte, das ging in Ordnung. Er meinte es ernst. Red Delaney spielte den Bullen, wie ich Angriffsstürmer gespielt hatte. Kein Kompromiß, kein Pardon. Kein Mitleid. Jetzt brach der Mistkerl in Gelächter aus.

»Ihn auf sich schießen zu lassen, wenn Sie doch *wußten*, daß er schuldig war! Verdammt, er hatte also doch recht mit dem Hirnschaden. Schlaue Typen schnarchen *nicht*.«

Ich wollte ihm sagen, er solle sich ins Knie ficken, was ich den Bullen immer sage, aber ich war schon eingeschlafen.

Ohne zu schnarchen, verdammt noch mal!

Smart Guys Don't Snore © 1987 by Joe Gores

JOE GORES
Ein Interview

Natürlich muß ein Kriminalschriftsteller nicht unbedingt Detektiv gewesen sein, um gute Detektivromane zu schreiben. Aber schaden kann es nichts, wie das Beispiel des ehemaligen Pinkerton-Detektivs und Schriftstellers Dashiell Hammett zeigt. Auch Joe Gores war Privatdetektiv, bevor er Schriftsteller wurde. Nicht ganz zufällig geschah es denn auch, daß Joe Gores mit seinem Roman Hammett *weltberühmt wurde, der als Vorlage für den bislang besten Film des deutschen Regisseurs Wim Wenders diente. Im folgenden Interview erzählt Joe Gores über seine Arbeit als Detektiv, Schriftsteller und Drehbuchautor unter anderem für die* Kojak*-Serie.*

Wenn Sie von Ihrer eigenen Erfahrung als Privatdetektiv ausgehen, stellen Sie dann fest, daß Sie vor den nicht-authentischen Stoffen anderer Detektivromane zurückschrecken?
Gores: Beim Detektivroman besteht das Problem, daß der Typ mit der Flasche in der Schublade und der blonden Sekretärin, mit der er nicht schläft – wenn es ihn je gab –, im wirklichen Leben um 1935 herum zu existieren aufgehört hat. Heute kann ein Detektiv kein Tagedieb sein, der eines Morgens aufwacht und sich entschließt, Privatdetektiv zu werden, weil in seinem Leben nichts mehr klappt. In fast allen Staaten der USA sind drei Jahre Erfahrung als Privatdetektiv oder als Polizist vorgeschrieben; um die Lizenz zu bekommen, muß man eine Kaution von 25 000 Dollar bezahlen, und man muß eine sehr schwere schriftliche Prüfung zum Thema Rechtsfragen und Ermittlungsverfahren ablegen. Wenn man dies zugrunde legt, kann man eine Unmenge der heutigen »Detektiv«-Romane vergessen. Ich lese sie immer noch gerne und viel, aber als erfundene Geschichten, nicht als Realität. Ein Typ wie Loren D. Estleman, also: Ich finde seinen Detektiv, Amos Walker, sehr glaubwürdig. Mir gefällt auch Robert B. Parker sehr, obwohl es ihm eigentlich nicht auf einen Detektivroman ankommt: Es kommt ihm auf eine Definition dessen an, was es bedeutet, ein Mensch in unserer Gesellschaft zu sein. Ich habe eine absteigende Skala. Ich beginne mit Hammett. Wir werden hier nicht darüber spre-

chen, wie gut oder schlecht er als Autor war – viel von ihm war nicht gerade unglaublich gute Prosa, aber es war unglaublich gute Detektivarbeit. Seine Prosa steht auf dem Boden der Realität; aber man muß bedenken, daß selbst seine Realität in Carroll John Dalys Race Williams wurzelt, einem frühen Spillane-Vorläufer. Nur deshalb, weil Hammett zufällig Detektiv war, rückte die Realität an erste Stelle. Dann hat Chandler den Detektiv poetisiert und ihm eine Seele gegeben – was an sich nicht besonders realistisch ist, das können Sie mir glauben. Als nächstes kam Ross Macdonald – der ausgezeichnete Bücher geschrieben hat, vor allem die frühen Sachen bis zu *Der Fall Galton* –, und plötzlich haben wir den Detektiv als Soziologen. Soziologie macht einen Detektivroman nicht notwendigerweise schlecht, aber sie garantiert keinen realistischen Detektivroman. Ich bin mir nicht sicher, ob der nüchterne, realistische Detektivroman heutzutage anders existieren kann als in Form einer bewußten Beschwörung der Vergangenheit oder einer Persiflage, es sei denn, man akzeptiert die Tatsache, daß die Realität sich geändert hat und geht von da aus weiter, wie ich es mit meinen DKA-Romanen zu tun versuche.

Wenn die Amateure, die Außenseiter, die Hochstapler versagen, auf welchen Gebieten versagen sie am häufigsten?
Gores: Nur sehr wenige fiktive Detektive stellen Ermittlungen an. Ich sehe sie nicht einmal ein Telefonbuch in die Hand nehmen. Ich sehe sie keine Kreditkarten verwenden. Ich sehe auch nicht, daß sie sich mal einen Polizisten oder jemanden von der Telefongesellschaft oder den Stadtwerken kaufen. Daraus besteht aber der Alltag eines Detektivs. Und davon würde ich gern etwas in einem Detektivroman lesen. Deine Fingerabdrücke sind gespeichert; du kannst also nicht in fremde Häuser einbrechen; du kannst nicht jemandem eine reinhauen und ungestraft davonkommen, es sei denn, man kennt dich nicht. Als ich Detektiv war, pflegte ich zu sagen, daß wir pro Woche ein Verbrechen begingen, aber man ging sicher, daß einen niemand dabei sah, und verdammt sicher, daß es nicht die Polizei war, die einen dabei sah. Der Leser muß das Gefühl haben, daß der Autor, und somit der Detektiv, sich auf seine Sache versteht, selbst wenn das im Roman vertuscht wird.

Wo kam der Wendepunkt in Ihrer Laufbahn als Detektiv, an dem Sie das Ganze aufgaben?
Gores: Als ich Detektiv wurde, wußte ich, daß ich gern Schriftsteller

wäre. Aber ich geriet sehr, sehr tief in die Arbeit als Detektiv hinein und verbrachte fünfundsiebzig, achtzig Stunden pro Woche damit. Ich schrieb Tausende von Berichten, aber überhaupt nichts Literarisches. Die Loslösung begann 1957, als ich für ein Jahr aufhörte und nach Tahiti ging. Ich fuhr auf einem alten Frachter, der zwei Wochen brauchte. In Tahiti bekam ich ein kleines Haus draußen auf dem Land und lebte dort ein Jahr lang. Ich verbrachte viel Zeit mit Schnorcheln und Schreiben. Dann kam ich wegen der Armee zurück – ich wurde eingezogen. Als ich damit 1959 fertig war, nahm ich die Detektivarbeit wieder auf, und 1960 trennte sich mein damaliger Chef, Dave Kikkert, der jetzt tot ist, zusammen mit mir und drei anderen von der L.A. Walker Company, um David Kikkert & Associates zu gründen. Ich benutzte DKA ein paar Jahre später, als ich anfing, Kurzgeschichten über eine fiktive Agentur zu schreiben. Während dieser ganzen Zeit versuchte ich Schriftsteller zu sein. Ich konnte nur nicht davon leben. Damals hatte ich keine Ahnung davon, wie man Drehbücher macht oder fürs Fernsehen schreibt. Der Bruch wurde unvermeidlich, weil die Arbeit als Detektiv mit dem Versuch zu vergleichen ist, einen Revolver immer nur ein bißchen abzudrücken. Es ist einfach kein Teilzeitjob. Also ging ich 1962 für drei Jahre nach Afrika. Als ich Ende '64 zurückkam, wurde ich schließlich Leiter des DKA-Büros in Oakland – was mir gar nicht zusagte, weil ich lieber im Außendienst tätig war. Mitte '66 hatte ich einen Punkt erreicht, an dem ich mich wirklich einen Dreck um die Arbeit in einem Büro scherte. Die Umstände hatten mich innerlich ausgehöhlt: das Geschäft hatte sich verändert; die Gesetze wurden immer strenger; man hatte es immer schwerer, seinen Beruf auszuüben; man wurde jede Woche verklagt. Ich konnte nicht gerade sagen, daß es mir riesig viel Spaß machte, und verlor allmählich den Mut. Es machte mich nicht mehr so irrsinnig glücklich, mich um drei Uhr morgens in einer engen Gasse von irgendeinem Mistkerl mit dem Hammer verfolgen zu lassen. Außerdem wurde der Wunsch, einen Roman zu schreiben, immer stärker. Bis dahin hatte ich nur Kurzgeschichten verfaßt. Deshalb gab ich im August '66 den Ganztagsjob auf und kehrte nie mehr dazu zurück, wenngleich ich noch stundenweise für die Firma arbeitete, als ich Mitte der siebziger Jahre pleite war. Eine der frühesten Verabredungen, die ich mit Dori, meiner Frau, hatte, bestand darin, daß wir einen Wagen von Weasel Fratianno kassierten, dem Syndikatskiller, der ein Buch über seine Erfahrungen geschrieben hatte, nachdem er FBI-Spitzel geworden war. Wir haben den Wagen bei einer mehrtägigen Party gestohlen. Sie waren alle im Swimmingpool. Es war der irrste Wagen, den Sie je gesehen haben, ein Cadillac mit einem großen Rindergehörn vorne drauf. Dori war sehr cool. Ich setzte sie einfach hinters Steuer und sagte: »Fahr zu«, und sie fuhr, und die wußten nicht einmal, daß wir den Wagen gestohlen hatten. Das war an einem Sonntagnachmittag um zwei Uhr. Es muß '75 gewesen sein, also habe ich sogar da noch gelegentlich Jobs für die Firma erledigt, wenn ich Geld brauchte oder wenn sie plötzlich jemanden im Außendienst brauchten. Aber ich war damals wirklich sehr intensiv mit Schreiben beschäftigt, und das war alles, was ich wollte, deshalb zog ich mich in gewisser Weise zurück, obwohl ich weiterhin in der Firma mitarbeitete. Ich schrieb *Hammett*, den Roman, in den Jahren '73 und '74; er kam '75 heraus. Damals beschäftigte mich die Detektivarbeit innerlich sehr; das Buch versuchte, dem Gefühl des Verlusts auf den Grund zu kommen, das ich empfand und von dem ich glaubte, daß auch Hammett es empfunden haben mußte, als er aufhörte, als Detektiv zu arbeiten. Selbst wenn man das Schreiben viel mehr liebt, ist es doch nicht dasselbe, wenn man an einer Schreibmaschine sitzt und darüber schreibt oder wenn man dort draußen ist und es tut.

Während der letzten Jahre haben Sie mehr für Film und Fernsehen gearbeitet als Bücher geschrieben. Was reizt Sie an dieser Art des Schreibens?

Gores: In erster Linie das Geld. Der durchschnittliche Romancier kann heutzutage, sagen wir mal, 10 000 Dollar Vorschuß auf ein Buch verlangen oder sogar 15 000. Normalerweise bekommt man die Hälfte bei Vertragsabschluß und die andere Hälfte bei der Ablieferung des Manuskripts. Gehen wir mal von 10 000 Dollar aus. Sie bekommen 5000 Dollar und müssen davon ein Jahr lang leben, während Sie das Buch schreiben. Dann liefern Sie es ab und bekommen noch einmal 5000 Dollar. Das ist ein Jahr bevor das Buch herauskommt, und dann dauert es noch einmal ein Jahr, bevor die Tantiemen zu fließen beginnen. Wenn Ihr Buch als Taschenbuch herauskommt, behält Ihr Hardcover-Verlag die Hälfte davon. Wenn nicht ein Film daraus gemacht wird, können Sie von dem Buch nicht leben, bis Sie das nächste schreiben können. Es gab mal eine Zeit, als ein Vorschuß von 10 000 Dollar – na ja, was soll's, jeder konnte davon leben. Das war fantastisch. Jetzt 10 000 Dollar pro Jahr . . . es würde einfach nicht reichen. Es gibt kein Buch, mit dem Sie zu irgendeiner Zeit viel Geld verdienen könnten.

Ein Buch zu schreiben braucht eine Weile. Aber wovon leben Sie in der Zwischenzeit, während das Geld aus dem Ausland und von den Bücherclubs und die Tantiemen und dergleichen nur spärlich eintröpfeln? Wenn Sie pro Jahr vier oder fünf Bücher schreiben, sind Sie aus dem Schneider. Aber die meisten von uns können nicht so viele Bücher schreiben. Der zweite Grund, warum ich zum Film und Fernsehen kam, war der, daß mich jemand darum bat. 1975 bekam ich einen Anruf von einem Mann namens Jack Laird, dem Produzenten von *Kojak*. Er hatte *Dead Skip* (»Zur Kasse, Mörder!«, Goldmann, 1981) gelesen und sagte: »Mir gefallen Ihre Dialoge. Haben Sie je daran gedacht, fürs Fernsehen zu schreiben?« Ich antwortete: »Noch nicht, aber ich würde es sehr gern tun.« Jack kümmerte sich die ganze Zeit um mich, während ich Handlungen entwarf und Ideen vortrug. Zu den ersten drei, vier oder fünf, die ich ihm schickte, sagte er: »Das geht nicht. Schicken Sie mir was anderes.« Endlich schaffte ich es mit zweien hintereinander und sie wurden die ersten beiden *Kojaks*, die ich schrieb – *No Immunity for Murder*, das einen *Edgar* gewann, und *Bad Dude*. Ein paar Filmproduzenten sahen *Bad Dude*, in dem Rosey Grier mitspielte und der von einem schwarzen Kopfgeldjäger und einem schwarzen Mafioso in Harlem handelte. Sie riefen den Sender an und erfuhren meinen Namen – sie hatten sich erst später zugeschaltet und den Vorspann verpaßt – und riefen meinen Agenten an und sagten: »Wir wollen, daß Gores einen Film für uns schreibt.« So kam es zu meinem ersten Filmdrehbuch. Die Sache ist die, daß man sein Geld beim Film und Fernsehen sofort bekommt. Beim Fernsehen gilt die Regel, daß 48 Stunden nach der Ablieferung gezahlt wird. Was für die Autoren natürlich ein Segen ist. Bei Filmen geht es nicht so schnell, aber trotzdem, wenn man das Drehbuch zu einem Spielfilm schreibt, arbeitet man in Etappen und kriegt vielleicht 17 000 oder 18 000 Dollar bei Vertragsabschluß. Davon kann man leben, während man sein Drehbuch schreibt. Man schreibt also sein Drehbuch und hat noch etwas Geld übrig, um an etwas anderem zu arbeiten. Während meiner langen Pausen zwischen den einzelnen Romanveröffentlichungen bekam ich sieben Aufträge für Filmdrehbücher, dazwischen schrieb ich eine Menge fürs Fernsehen, den Roman *Come Morning* und die Hälfte eines anderen Romans *Wind Time, Wolf Time*. Während dieser Jahre versuchte ich das Handwerk des Drehbuchschreibens zu erlernen. Es unterscheidet sich wirklich sehr vom Romaneschreiben, ist aber gleich schwierig. Es ist nicht so tiefschürfend, macht aber mehr

Spaß. Es erfordert Zusammenarbeit, was manchmal tödlich nervt, aber man hat wenigstens jemanden, mit dem man ab und zu reden kann.
Finden Sie es frustrierend, über Ihre Arbeit nicht die letzte Entscheidung zu haben?
Gores: Unglaublich frustrierend.
Es kann etwas daran geändert werden; es kann ganz fallengelassen werden; und man kann nichts dagegen tun. Bei einem Buch haben Sie es wenigstens schwarz auf weiß auf dem Papier.
Gores: In letzter Zeit habe ich versucht, den Punkt zu erreichen, an dem ich keine Stunde mehr als freier Schriftsteller Drehbücher fürs Fernsehen machen muß. Die ändern alles, was man macht: Mitarbeiter setzen ihren Namen auf deine Drehbücher; du liegst ständig mit der Zunft im Clinch. Und das Ganze ist eine riesige Scheiße. Das ist der Grund, warum ich zum Roman und zur Kurzgeschichte zurückgekehrt bin: daß man etwas schwarz auf weiß auf dem Papier hat, wie Sie vorhin sagten, was bei dieser Sache an erster Stelle steht. Dieses Gefühl der Vollendung. Aber ich weigere mich, mit den Drehbüchern aufzuhören. Mir gefallen beide Arten des Schreibens. Es ist ein prikkelndes Gefühl, ein Originaldrehbuch zu verfassen. Aufregend. Aber der Roman ist befriedigender. Er gehört *dir*. Niemand kann dir etwas vorschreiben. Ein Drehbuch ist nur der erste Schritt eines enormen Prozesses, der allzuoft nirgendwohin führt. Aber beides hat etwas Anziehendes. Es ist verlockend, Drehbücher zu schreiben, und ich habe nicht die Absicht, damit aufzuhören. Ich möchte einfach nur mehr an Romanen arbeiten. Für die nächsten acht bis zehn Jahre habe ich neun Romanentwürfe.
Wären Sie bereit, näher auf Ihre lange und nicht immer glückliche Verquickung mit dem Filmdrehbuch zu Hammett *einzugehen?*
Gores: Sehr gern. Eine lange und wie Sie sagen nicht immer glückliche, aber insgesamt recht amüsante Verquickung. Es begann '74, als Francis Coppola die Buchrechte an *Hammett* erwarb, noch bevor das Buch gedruckt wurde, und mich engagierte, den ersten Drehbuchentwurf zu schreiben. Nick Roeg sollte Regie führen; er ist holländischer Abstammumg, aber ein britischer Staatsbürger und hat *Walkabout* und *Don't Look Back* (»Wenn die Gondeln Trauer tragen«) und *Performance* und *Insignificance* gemacht – alles sehr, sehr eigenwillige und schöne Filme. Mit Nick konnte man unglaublich gut zusammenarbeiten. Francis war auf den Philippinen und drehte *Apocalypse Now*, und so

konnten Nick und ich in seinem Apartment in San Francisco arbeiten. Alles Instarsienholz, die Dachterrassenwohnung im Flat Iron Building oben an der Columbus- und Kearny-Avenue. Nick und ich fühlten uns dort wie zu Hause. Wir tranken dort oben literweise Tee, gingen das Buch durch und stritten uns darüber, wie dies heißen sollte und wie jenes heißen sollte. Ich schrieb das Zeug und legte es ihm vor. Wir stritten und lachten viel miteinander und beschimpften uns; es war eine ganz, ganz tolle Zeit und wir produzierten das, was eine Unmenge von Leuten mir gegenüber als das beste Drehbuch bezeichneten, das sie je gelesen hätten. Truffaut sagte, es sei das beste amerikanische Drehbuch, das er je gelesen habe. Also wurde es natürlich nie verwendet. Nick hörte schließlich auf, weil sich ein Problem mit der Besetzung einer Rolle nicht lösen ließ. Er wollte Freddie Forrest, der schließlich Hammett spielte, da Freddie aber damals nicht anerkannt war, wollten diese Geschäftemacher nichts von ihm wissen. Nick ging, frustriert, und drehte in New York ein paar Werbefilme. Ungefähr ein Jahr später engagierten sie Wim Wenders, den bekannten jungen deutschen Regisseur, der gerade *Der amerikanische Freund* gemacht hatte, nach einem der Ripley-Romane von Patricia Highsmith. Wim war vollkommen anders als Nick. Nicht diese Unzuverlässigkeit. Er hängte gern Zettel ans Storyboard. Wir dachten uns ein neues Drehbuch aus, weil er nicht eines nehmen wollte, das für einen anderen Regisseur geschrieben worden war. Ich hatte für Nick zwei Versionen verfaßt; für Wim machte ich noch einmal drei. Als ich die letzte schrieb, war das wie eine Keystone-Kops-Komödie. Während ich Wims Reaktion auf Drehbuch Nr. 2 abwartete, arbeitete ich gleichzeitig noch an einem Drehbuch für Paramount, das für Richard Gere sein sollte. Ich war in Las Vegas, um Recherchen über Blackjack-Spieler anzustellen, und von dort reisten Dori und ich nach Mexiko, um unseren Sohn zu besuchen, der in Guadalajara an einem Ferienkursus teilnahm. Wim erwischte mich in Las Vegas und sagte: »Wir müssen an dem Drehbuch arbeiten.« Ich erwiderte: »Tja, Wim, wir fahren aber nach Guadalajara.« Worauf er sagte: »Dann treffen wir uns dort.« Wir wohnten im Fenix Hotel in Guadalajara. Wim tauchte auf, und dann schlossen wir uns beide in ein Hotelzimmer in einem der oberen Stockwerke ein, während an Dori und Tim, unserm Sohn, das ganze Sight-seeing hängenblieb. Ich schrieb das Drehbuch von Hand auf einen Notizblock, und wenn ich eine Seite fertig hatte, gab ich sie Wim. Im ganzen Hotel existierte nur eine einzige Schreibmaschine, eine dieser alten Underwoods drunten im Büro. Er rannte dann immer hinunter und tippte die Seite auf dieser Maschine. So ging das Tag und Nacht. Nachts, wenn das Büro zuhatte, übernahm es Wim, Hotelgäste hinaus- und hereinzulassen. Auf dem Dach befand sich eine Disko, und am zweiten Abend verkaufte er dort Eintrittskarten. Ich machte das Drehbuch fertig, und dann wollten die maßgeblichen Stellen bei Coppola neue Richtlinien. Sie begannen über ein Handlungsgerüst zu sprechen – es sollte in den fünfziger Jahren beginnen, mit Hammett, der zurückschaut. Ich wurde für einige andere Projekte verpflichtet, also stieg ich aus.

Wie viele Monate waren zu diesem Zeitpunkt vergangen?

Gores: Ich habe es Coppola '74 verkauft; dies war im Jahr '78. Sie engagierten einen Typen namens Tom Pope, und er hat mit Wim zwei Drehbücher gemacht. Sie haben nicht allen gefallen. Also engagierten sie Dennis O'Flaherty. Er fing an Drehbücher zu schreiben, als Wim mit den Dreharbeiten anfing. Er schreibt also Drehbücher, und Wim filmt. Als sich der Rauch verzogen hatte, legte er siebzehn verschiedene Versionen vor. Von mir stammten also fünf; von Pope zwei; von O'Flaherty siebzehn. Zu diesem Zeitpunkt kam Francis endlich von den Philippinen zurück, und Fred Roos, der Produzent, der auch *Black Stallion* produziert hat, kam von Malta zurück. Sie schauten sich an, was Wim gedreht hatte, ungefähr 80 Prozent des Films, und lehnten alles ab. Es war großartiges Material, wirklich; aber Wim und seine Drehbuchautoren hatten sich zu sehr auf Hammett, den Menschen, konzentriert, und dabei den Handlungsfaden verloren. Plötzlich handelte der Film von nichts mehr. Bis dahin hatten sie 10 Millionen Dollar ausgegeben, und Francis fand es als Thriller unbrauchbar. Es vergingen noch ein paar Monate, und dann engagierten sie Ross Thomas, den Romancier, den ich für einen der besten zeitgenössischen Autoren Amerikas halte. Er sollte sich das Filmmaterial vornehmen und ihm eine neue Handlung unterlegen. Er hielt sich so eng wie möglich an den Roman, und sie entwarfen in Los Angeles in den alten Hollywood General Studios, die damals Zoetrope gehörten, einen detaillierten Szenenaufbau. Dort drehten sie zusätzlich zu den 80 Prozent, die sie bereits hatten, etwa 40 Prozent neu. Ross schrieb während dieser Aufnahmen noch acht weitere Drehbücher. Sie nahmen Peter Boyle statt Brian Keith für die Figur des Op und Freddie Forrest als Hammett. Es ist ein interessanter und unterhaltsamer kleiner Film, der nur noch entfernt mit meinem Buch zu tun hat. In den Zoetrope-Computern stecken zweiunddreißig Drehbücher für *Hammett*. Zweiunddreißig Drehbücher und zwei Regisseure und 13 Millionen Dollar, und man hat einen Film, den Warner Bros. nicht für die Kinos freigeben wollte, sondern für eine Reihe von Podiumsveranstaltungen und Festivals im ganzen Land. In Europa war er in London eine Woche lang Nummer eins, und in Paris glaube ich drei Wochen. In Seattle war er ein Erfolg und in Portland lief er ungefähr ein Jahr, nach Mitternacht am Wochenende, wie diese *Rocky Horror*-Sache. Ich denke, es steckt das Potential zu einem Kultfilm drin, wie in vielen von Wims Arbeiten. Es ist kein schlechter Film. Es ist nur einfach nicht der Film, der geplant war.

Wie würden Sie ihn benoten? Zwei? Zwei plus?

Gores: Zwei plus, ja. Und ich glaube, es hätte eine Eins plus werden können. Es hätte ein Kassenschlager werden können. In gewisser Weise ist niemand dran schuld. In gewisser Weise ist die Filmindustrie selbst dran schuld.

Wie Sie gezeigt haben, besteht die große Frustation, wenn man fürs Fernsehen oder Kino schreibt, darin, daß man keinen Einfluß auf seine Arbeit hat. Jeder funkt einem dazwischen.

Gores: Jeder funkt einem dazwischen. Jeder kann etwas daran ändern. Als ich die *Kojak*-Drehbücher schrieb, gab es neun verschiedene Stellen oder Personen, denen ein Drehbuch vorgelegt werden mußte. Vor einigen Jahren erzählte mir mal ein Mitarbeiter von eimen Film names *Shannon*, der nicht besonders lange lief, und in dem Kevin Dobson einen Bullen in San Francisco spielte. Er hatte ein Drehbuch eingereicht, das von einem krebskranken Bullen handelte, und dieser Bulle begeht auf eine Art und Weise Selbstmord, daß es so aussieht, als habe ihn der Mob umgebracht. Das war seine Art, dem Mob etwas anzuhängen und gleichzeitig seinem unvermeidlichen Tod einen Sinn zu geben. Eine sehr düstere Geschichte. Als es dann im Fernsehen ausgestrahlt wurde, handelte es von einem Mannequin in Gefahr. Keinerlei Zusammenhang zwischen dem, was sie von ihm gekauft, und dem, was sie auf die Leinwand gebracht hatten. Das Problem ist, daß relativ wenige Verantwortliche bei den Sendern oder in den Studios selbst kreative Menschen sind. Sie wissen nicht, was eine gute Geschichte ausmacht. Sie wissen nur, was letzte Woche gut lief.

Hatten Sie viel Ärger mit Buchverlegern?

Gores: Sehr, sehr wenig. Als ich Otto Penzler *Come Morning* zusandte, verlangte er nur etwa acht oder zehn Wortänderungen und die

Änderung zweier Abschnitte. Weniger als eine Seite im ganzen Buch. Die DKA-Romane gingen ohne alle Veränderungen durch.

Dann haben Sie also nie die Erfahrung gemacht, mit einem Lektor eng zusammenzuarbeiten?

Gores: Doch, bei *Hammett*. Der erste Entwurf von *Hammett*, den ich M. Evans schickte, dem ursprünglichen Verleger dieses Projekts, war noch nicht wirklich gut. Deshalb schalteten sie Jeanne Bernkopf ein. Neben meiner Frau ist sie die beste strenge Lektorin, die ich kenne. Jeanne las es Zeile für Zeile. Wir gerieten nie wirklich in Streit. Ich hatte das Gefühl, was sie vorschlug, war vernünftig und half dem Buch.

Sie erwähnten gerade die Lektorin, mit der Sie zusammenleben. In welchen Stadium tritt Dori in den Prozeß ein? Nach dem ersten Entwurf oder Kapitel um Kapitel?

Gores: Dori ist der einzige Mensch auf der ganzen Welt, der meine Sachen jemals so sieht, wie sie aus der Maschine kommen. Im Stadium des ersten Konzepts macht sie viele Vorschläge und schreibt sogar oft auf der Rückseite die Szene neu. Ihr literarisches Urteil und ihr Geschäftssinn sind beide unfehlbar; sie erkennt mit fast hundertprozentiger Sicherheit, was für eine Geschichte richtig ist. Wenn ich nicht unter Termindruck stehe, wenn ich Zeit habe, das Ganze zwei Wochen liegen zu lassen und es dann noch einmal anzuschauen, sehe ich sofort, was sie meint, und stimme ihr zu. Andernfalls streite und nörgle und schreie ich manchmal, aber letzten Endes übernehme ich ihre Änderungen dann doch und bereue es nie.

Sie Glückspilz

Gores: Das brauchen Sie mir nicht zu sagen.

Bewegt sich Ihrer Meinung nach der Kriminalroman/Detektivroman/Thriller in irgendeine Richtung, entwickelt er sich irgendwohin?

Gores: Ich weiß nicht. Ich selbst bin, vielleicht weil Dori und ich soviel wie möglich reisen, jetzt viel mehr an Spionage-Romanen interessiert als früher. Auch merke ich, daß ich mich jetzt dafür interessiere, umfangreichere Bücher zu lesen und zu schreiben. Bücher mit mehr Tiefe, mehr Gedanken, mehr Schilderungen. Ich merke, daß ich mich allmählich vom ausschließlich Realistischen wegbewege. Eine solche Geschichte zu schreiben schränkt ein, weil es die Geschichte eines entfremdeten Menschen mit wenigen Beziehungen ist. Das kann wundervoll sein – bei Gott, es ist hart und schwierig; es ist scheußlich; es ist verzwickt. Aber Sie wissen ja, an diesen Knochen ist nicht viel Fleisch dran. Ich merke, daß ich mich immer mehr für das Fleisch interessiere. Ob dies nun auf diesem Gebiet ein Trend ist . . . mir kommt es so vor. Wenn wir uns eine Mary Higgins Clark oder einen Jonathan Kellerman oder eine P. D. James anschauen – diese Leute, die sich extrem gut verkaufen, schreiben Indentifikationsromane. Tolle, packende Thriller, sicherlich, die einen nicht mehr loslassen, aber Bücher, in denen man sich mit der Person, die in Gefahr schwebt, identifizieren können muß. Es reicht nicht mehr aus, ihren Gleichmut zu bewundern oder ihren Umgang mit Schmerz. Man möchte sie am liebsten auf ihrem Weg begleiten. Ich glaube, daß der Kriminalroman, der Thriller, allmählich immer näher an die gängige Literatur herangeführt wird. Das ist zu machen. Sehen Sie sich doch an, wie absolut brillant etwas wie *Mirror, Mirror on the Wall* von Stan Ellin ist. Ein psychologischer Roman von großer Tiefenwirkung, der gleichzeitig eine herrlich knifflige Herausforderung ist, ein Puzzle-Roman. Wenn Sie also gewillt sind, hart genug zu arbeiten, können Sie alles auf einmal haben.

Haben Sie das Gefühl, daß die Art von Roman, die Sie schreiben, ein sehr starkes Wiederaufleben, ja sogar eine Rennaissance erfährt?

Gores: Ja. In der Tat. Der ganze Bereich. Ich meine von den Kaffeewärmern und den englischen Gartenrestaurants bis zum realistischen Roman oder dem Thriller.

Eine Zeitlang sah es ja so aus, als verdränge der britische Spionageroman den amerikanischen Detektivroman.

Gores: Nicht nur der *britische* Spionageroman. Bill Granger, der in Chicago lebt, scheibt phantstisch gute Spionageromane. Die *November Man*-Serie ist einfach toll. Ich habe schon immer Le Carré, Deighton und Gavin Lyall gelesen. Auch sie haben ihre Tradition, die einen bei weniger guten Autoren ärgerlich machen könnte. Ich weiß nicht, wohin der Detektivroman per se geht, aber um den harten Noir-Thriller steht es sehr gut. Was wichig ist, ist diese Verwicklung, diese Bedrohung, dieses schäbige Milieu. Der Privatdetektiv wird uns immer bleiben, aber ich bin mir nicht sicher, ob er das Feld wie in früheren Jahren beherrscht.

In Anbetracht dessen, daß Sie ein Jahr in Tahiti und drei Jahre in Afrika waren: Denken Sie über einen internationalen Thriller nach?

Gores: Ich habe sowohl zwei Dutzend Kurzgeschichten geschrieben, die im Ausland spielen, als auch zwei Abenteuerromane, die man überarbeiten müßte, um sie heute zu verkaufen. Der, an dem ich jetzt gerade arbeite, ist ein Unterhaltungsroman über einen Präsidentschaftswahlkampf. Ein anderer Roman, der in Afrika spielt, handelt von der Suche nach der Bundeslade. Ein anderer handelt von einem Multi-Milliarden-Dollar-Betrug auf dem internationalen Rohstoffmarkt. Ich arbeite an einer weiteren DKA-Sache, *32 Cadillacs,* wo sie Zigeuner durchs ganze Land verfolgen, sogar nach Mexiko. Außerdem habe ich für einen Roman über einen afrikanischen Jäger recherchiert, der in den Sechzigern in Kenia spielt, und habe begonnen, schon mal Literatur für einen Roman über den Urmenschen anzulesen. Ein langgeplantes Projekt ist ein spannender Roman über Shakespeare und Kit Marlowe.

Was ist mit Knochenbrecher Krajewski und seiner möglichen Reinkarnation als Serienheld?

Gores: Als ich um eine Kurzgeschichte gebeten wurde, hatte ich die Handlung von *Schlaue Typen* irgendwo im Hinterkopf. Ich hatte aber noch keinen Helden gefunden; und dann las ich in der Zeitung, daß Leute, die schnarchen, nicht so klug sind wie Leute, die nicht schnarchen, und da fiel mit dieser Titel ein: *Schlaue Typen schnarchen nicht.* Ich dachte: Wer schnarcht? Normalerweise jemand Großes, jemand mit Übergewicht. Ein übergewichtiger Held sagte mir nicht richtig zu, aber was wäre mit einem Helden, der einfach nur groß war? Ein großer Ex-Sportler. Es war während der Football-Saison, und ich hörte John Madden während eines Spiels die Bemerkung machen, daß das Wesentliche einer Football-Mannschaft der Verteidiger ist. Er ist derjenige im Schützengraben; er ist der, der Blut an den Schenkeln hat. Knochenbrecher Krajewski war geboren. Ich habe während meiner Footballjahre als Verteidiger gespielt – obwohl das Blut auf meinen Schenkeln meistens mein eigenes war. Ich machte aus Knochenbrecher also einen Verteidiger. Ich machte aus ihm einen ehemaligen Spieler von Notre-Dame, weil Notre-Dame mehr Spieler in die Profi-Ligen gebracht hat als jede andere Schule, und weil ich selbst dort war. Ich bin Anhänger der 49ers und der Raiders, und so habe ich einen Ex-Raider aus ihm gemacht. Ich habe mich in ihn verliebt, als ich die Geschichte schrieb, und so habe ich bereits mit einer zweiten begonnen: *Dicke Typen sind nicht komisch.*

Da hätten wir gern eine Option drauf.

Gores: Es beginnt mit einer Untersuchung darüber, daß Caspar Gutman im *Malteser Falken* kein wirklicher Meisterverbrecher war.

Dann überfallen drei maskierte Typen ein Kaufhaus. Soweit bin ich bis jetzt gekommen.

© 1987 by Joe Gores

WALTER EGO

Michael Avallone

»*Ein guter Autor muß alles schreiben können, vom Gartenkatalog bis zur Bibel.*« *Nach diesem selbstgewählten Motto verfaßte der Amerikaner Michael Avallone, geboren 1924 in Manhattan, unter einer Vielzahl von Pseudonymen – unter anderem als Nick Carter, Troy Conway, Mark Dans - rund 210 Romane und weit über 1000 Kurzgeschichten sowie zahlreiche Serienhefte, darunter die großartige Ed-Noon-Serie (auf deutsch bei Bastei-Lübbe). Vor allem aber beweist Avallone, daß schriftstellerische Vielseitigkeit und hohe Kreativität keineswegs schlechte Qualität bedeuten müssen. Die hier vorliegende Geschichte zum Beispiel ist ein Leckerbissen der psychologischen Kriminalliteratur.*

Sie ließen mich kurz vor dem tödlichen Ausgang mit meinem Klienten sprechen. Es war der verrückteste, traurigste Fall von allen. Erst vor einer Woche war der Klient in mein Büro gekommen und hatte dauernd von einem Mann namens Walter Box geplappert, der ihn verfolge. Einen Tag und eine Schlagzeile später war Walter Box tot – das heißt, nicht der *richtige* Walter Box.

Jetzt sind Sie verwirrt, nicht? Tja, das war ich auch, bis zu meiner letzten Unterredung mit meinem Klienten. Ich schmuggelte einen Kassettenrekorder in seine Zelle und nahm alles in seinen eigenen, irren Worten auf. Armer Kerl.

Bellevue Psychiatric hat ihn umgebracht.

Ich lasse ihn die Geschichte in seinen eigenen, kranken Worten erzählen. Sie ist nicht schön, aber das ist der Wahnsinn ja nie. Leute, die durchdrehen, finden irgendwie eine ganz eigene Privatwelt, und in der hat niemals irgend jemand Platz außer ihnen selbst. Und ihre eigene, auf den Kopf gestellte Sicht der Dinge. So ist es stets gewesen, wie der

Dichter sagt, aber es kann einem himmelangst dabei werden. Und man macht sich so seine Gedanken in bezug auf Poe, Lovecraft und Bierce.

Der Wahnsinn ist ein Fremder, der durch die Korridore des Geistes schleicht und Zutritt zu einem der vielen kleinen Türchen sucht . . . Mark Dane, der Kriminalautor, sagt das in einem seiner Bücher über Geisteskrankheiten. Ich denke, er hätte mit dem Fall Walter Box einen großen Tag gehabt. Ich glaube nämlich nicht, daß selbst der große Dane jemals auf eine Krankheit gestoßen ist wie die, an der mein Klient litt. Aber wer weiß? Ich weiß auch nicht alles. Niemand weiß alles. Ich kann nur sagen, daß das, was sie gleich lesen werden, Evangelium ist. Die Wahrheit laut Ed Noon. Einst der Stolz seiner Bibelstunde.

Und mein armer besessener Klient . . . hier ist seine Geschichte:
»Sie werden mich wieder nach Walter Box fragen, nicht? Sie wollen immer noch wissen, warum ich ihn umgebracht habe, nicht? Ich sag's Ihnen, obwohl ich es schon tausendmal gesagt haben muß. Was ist bloß mit euch allen los? Ich dachte, ich hätte mich einigermaßen klar ausgedrückt.

Er war schlau, dieser Walter Box. Furchtbar schlau. Und er war stolz darauf, daß er so schlau war. Furchtbar stolz. Das ist einer der Gründe, warum ich ihn umgebracht habe. Weil er so schlau war und so furchtbar stolz darauf. Ich dachte eigentlich, das würden alle verstehen, aber ich glaube, sie haben es doch nicht verstanden.

Ist es falsch, wenn sich ein Mann seines Rivalen entledigt? Eines starken Gegners? Sah so nicht das ursprüngliche Gesetz des Überlebens aus? Das Überleben der Fähigsten? Wenn ich mich irre, korrigieren Sie mich bitte. Es geht nicht, daß man denkt, eine Sache stimme, wenn sie die ganze Zeit nicht stimmt.

Mir geht es in letzter Zeit nicht gut. Seit Walter Box' Beerdigung habe ich ständig abgenommen. Essen interessiert mich zur Zeit nicht. Die Erinnerung an sein totes Gesicht macht mich krank.

Nein, es war nicht falsch, ihn umzubringen. Da bin ich mir sicher. Ich habe herausgefunden, daß ich ihn nicht mehr brauchte. Er war fett geworden und verachtete mich. Er verdiente eine Kugel aus meiner Hand. Es war ein vertretbarer Mord. Das Gesetz kann mir nichts anhaben.

Es war Mord, gewiß, und ein Verbrechen sollte nie verziehen werden. Aber mein Verbrechen, wenn man es so nennen muß, war anders.

Hätte ich in meinem Haus einen Dieb erschossen, der sich vor meinen Wandsafe geschlichen hat, oder hätte ich in Verteidigung meines Lebens auf einen toll gewordenen Löwen gefeuert, wäre es auf dasselbe hinausgelaufen.

Walter Box war ein herumschleichender Dieb und ein toll gewordener Löwe. Wie sonst lassen sich seine Habsucht, seine Gier, die skrupellosen Methoden erklären, die er benutzte, um in der Geschäftswelt ganz nach oben zu kommen? Er verdiente die vollständige Vernichtung, die ich ihm zufügte. Die Witwen all dieser Selbstmörder sollten mir Blumen und Konfekt schicken.

Der elektrische Stuhl? Nein. Des Seilers Tochter? Gewiß nicht. Diese zwecklose lebenslängliche Haftstrafe, die sie mir aufgebrummt haben? Lächerlich! Ich verdiene eine Medaille oder ein Standbild auf dem Union Square, in unsterbliche Bronze gegossen.

Ich habe Walter Box getötet. Die Welt – selbst die Schuljungen – sollte über mein erhabenes Opfer Bescheid wissen. Ich habe eine nationale Gefahr verringert, den dunkelsten Flecken unserer Zivilisation ausradiert. Walter Box ist tot.

Sein Stolz brachte ihn zu Fall. Schauen Sie, er fürchtete sich vor keinem Menschen. Vor mir hätte er sich fürchten sollen. Weil ich ihm Schaden zufügen wollte – allen Schaden der Welt. Wie er zitterte und vor Angst weiß wurde, als er die Waffe in meiner Hand sah!

Seine Bediensteten, seine Leibwächter, die hohen Mauern um sein Grundstück und all sein Geld konnten ihn nicht retten. Er hatte mich betrogen. Das war sein erster Fehler. Ich war nicht wie dieser Dummkopf Wareham, der Selbstmord beging, weil Walter Box ihn zugrunde gerichtet hatte. Ich war überhaupt nicht wie er. Walter Box hätte sich nicht auf mich einlassen sollen.

Schauen Sie: es ist gegen die Regeln, ich weiß, aber würden Sie mir eine Nummer der *Times* mitbringen, wenn man Sie wiederkommen läßt? Nur den Wirtschaftsteil. Danke. Ich möchte mit den geldgeilen Menschen dieser Welt Schritt halten.

Sie glauben doch nicht, daß ich verrückt bin, oder?

Natürlich nicht; Sie sind ja nicht Walter Box.

Sehen Sie, er hat mich verrückt genannt. Das hat mir nicht gefallen, und deshalb habe ich ihn erschossen. Welches Recht hatte er denn, das zu mir zu sagen?

Das wäre erledigt. Wer bin ich denn?

Natürlich, ich bin Ego. Sie wissen schon. Der Innere Mensch. Walter Box hat mich verrückt genannt und versucht, mich zu töten. Das hat nicht geklappt. Also mußte ich ihn loswerden. Das Ich muß immer viel stärker sein als das Fleisch. Das verstehen Sie doch, nicht wahr? Wenn nicht, dann denken Sie bitte daran: Ich bin Walter Box' Seele. Dies ist sein Leib, den Sie hier vor sich sehen.

Häßlich, nicht wahr?«

Tja, das wär's.

Der Klient war natürlich Walter Box selbst.

Der Mann, den er tötete, war ein Polizist, der sich ihm an einem sonnigen Nachmittag im Bryant Park näherte, weil er Selbstgespräche führte und die Passanten und Faulenzer an diesem Ort, der früher einmal hübsch gewesen ist, jetzt aber vom Abschaum dieser verlogenen Stadt überschwemmt wird, erschreckte. Box zog eine billige kleine Pistole aus der Seitentasche und erschoß den Polizisten Clarence Tilney, einen Farbigen.

Und Box selbst?

Vielleicht haben Sie es erraten.

Ein unverheirateter, kinderloser, arbeitsloser Collegeprofessor mit einem adakemischen Grad in Physik, der keine Stelle fand. Ein Mann, der jeglichen Kontakt zu jener Realität verloren hatte, die wir uns selbst aufgeladen haben. Haben Sie sich in letzter Zeit einmal gründlich umgeschaut?

Der Fall hatte den üblichen traurigen Schluß.

Walter Box erhängte sich vier Stunden, nachdem ich ihn verlassen hatte, in seiner Zelle. Selbst im Tod verblüffte er noch die Experten, die Vernehmungsbeamten, die Gefängnisaufseher. Er war wirklich schlau.

Er schlang seine Hemdsärmel um einen der Gitterstäbe seiner Zelle und erdrosselte sich so wirkungsvoll, wie nur je ein Thug im alten Indien ein Opfer für Kali strangulierte.

Um es zu tun, stellte er sich zu allem auch noch auf die alte Kiste, in der man ihm seine Kleidung und Habseligkeiten gebracht hatte.

Natürlich war er ein Farbiger.

Was sonst noch?

Haben Sie denn nicht achtgegeben, was er auf Band sprach?

Walter Ego © 1987 by Michael Avallone

DAS MOTIV
Michael Collins

Der Amerikaner Michael Collins, Jahrgang 1924, ist einer der Grandseigneurs des Kriminalromans, der aber auch immer wieder seine Meisterschaft als Verfasser spannender, ungewöhnlicher und unterhaltsamer Kurzgeschichten bewiesen hat. Hierzulande wurde Collins durch die Erfindung des einarmigen New Yorker Privatdetektivs Dan Fortune bekannt, mit der er Ende der sechziger Jahre zu einem der Mitbegründer des modernen Detektivromans wurde (nach längerer Pause wird mit Minnesota Strip *im August '89 wieder ein Dan-Fortune-Roman bei Ullstein erscheinen). Auch in der folgenden Kurzgeschichte spielt Fortune die Hauptrolle.*

Man weiß nie, was einen Fall lösen wird, was man zu tun haben, wer einem helfen wird. Später gab Lieutenant D'Amato zu, daß die Cops ohne mich und Alice Connors nie hinter das Motiv des alten Mannes gekommen wären, aber nach einer Woche hätte ich mir nicht viel mehr Chancen eingeräumt als der Polizei.

Am Ende dieser ersten Woche trank ich in Alice Connors Apartment in Queens ein kaltes Beck's und wartete, daß sie aus dem Schlafzimmer kam. Sie war an einem Montagabend mit Marian Dunn in meiner Dachwohnung erschienen.

Hergeschickt hatte sie Jim Flood von der Family-Friend-Kreditgesellschaft in Queens. Alice arbeitete bei der Family Friend, und ich hatte für Flood säumige Ratenzahler aufgespürt. Marian Dunn hatte auf meinen leeren Ärmel gestarrt. Alice nicht. Von da an hatte ich sie gleich gemocht.

»Die Polizei hat uns immer wieder über Bruce und Mr. Dunn und den alten Mann ausgefragt«, hatte sie erklärt. »Ich erinnere mich bloß nicht, daß Bruce den Namen je erwähnt oder von irgendeinem alten Mann gesprochen hat.« Tränen standen ihr in den Augen. »Warum hat er Bruce umgebracht?«

Kein hübsches Mädchen, aber das fiel nicht auf. Was einem auffiel, waren ihre dunklen Augen, die Verletzlichkeit.

Fünfundzwanzig, olivfarbene Haut, schüchtern, zu große Nase. Gepflegt. Schwarzes Haar, ein wilder Schnitt, der auf irgend etwas in ihrem Innern hinwies, das sie gern herausgelassen hätte, das aber durch etwas oder jemanden blockiert worden war.

»Die Polizei weiß nicht, warum sie ermordet wurden?« fragte ich.

»Das behauptet sie zumindest«, sagte Marian Dunn. Sie war eine große Frau, sanft und unsicher. Die Sorte, die nervös auf die Kinder einflüstert, während sie sie hinter einem zornigen Ehemann vorbeidrängt. »Mein Sohn meint, irgendein Anwalt wird den alten Mann freikriegen, indem er ihn für verrückt erklärt oder so was.« Sie schüttelte verzweifelt den Kopf. »Ich habe daheim vier Kinder, Mr. Fortune, von der Versicherung ist nicht viel zu erwarten. Wir haben von niemandem je einen Pfennig bekommen, außer von Pauls Vater ein paarmal. Jetzt ist er tot. Zweiundvierzig. Alice und Bruce wollten demnächst heiraten. Bruce war sechsundzwanzig. Sie müssen herausfinden, warum dieser alte Mann unsere Männer umgebracht hat.«

Ich hörte mir das wenige an, das sie über die Morde wußten, nahm meinen Honorarvorschuß entgegen, ging, nachdem sie weg waren, hinunter und brachte ihn auf die Bank. Bis auf vierzig Dollar, die ich bei Bogie's für mein Abendessen und Beck's ausgab. In heiterer Stimmung und mit Geld auf der Bank schlief ich in dieser Nacht tief und fest und fuhr am nächsten Morgen mit der U-Bahn nach Queens.

Sam D'Amato war Chef der Kriminalabteilung des Reviers. Ich hatte im Lauf der Jahre einige Male mit ihm zusammengearbeitet; er kannte mich. Er kannte auch Marian Dunn und Alice Connors.

»Auch wir wüßten gern über das Motiv Bescheid«, sagte er. »Es gibt fast nichts, über das wir nicht gern Bescheid wüßten.«

»Ich dachte, ihr hättet den Mörder.«

»Den Mörder, ja. Das Motiv, nein.« D'Amato stierte finster auf die Wand. »Sieht so aus, als wäre er ihnen vor jenem Abend noch nie begegnet.«

Mein fehlender Arm begann zu schmerzen. »Was ist mit den Details?«

Er warf mir einen dünnen Schnellhefter hin. Die beiden Opfer hatten spät abends bei Steiner Nissan auf dem Northern Boulevard gearbeitet. Paul Dunn war Leiter der Kundendienstabteilung, Bruce Henry Mechaniker. Joseph Marsak hatte den Verkaufsraum betreten und namentlich nach Dunn und Henry gefragt. Der Verkäufer hatte Marsak nach hinten zum Kundendienstschalter in der Werkstatt geschickt, und gehört, wie Marsak gefragt hatte, ob sie Paul Dunn und Bruce Henry seien. Jemand hatte gelacht, dann hatten Schüsse geknallt, keine Zeit für einen Wortwechsel.

Der alte Mann hatte die Werkstatt durch die Seitentür verlassen. Niemand hatte ihn aufzuhalten versucht, niemand konnte ihn wirklich beschreiben. Die Polizei konnte nichts tun. Dann hatten sie die Waffe einen Häuserblock weiter in einem Hof gefunden. Eine 9-mm-Luger, deren Herkunft nach einem halben Tag festgestellt war. Vor dreiundvierzig Jahren war sie Joseph Marsak bei der Armee zugeteilt worden, und er hatte sie nie zurückgegeben. Sie hatten Marsaks Adresse im Telefonbuch gefunden. Sämtliche Zeugen hatten ihn identifiziert.

»Er sagte, ja, er hätte sie erschossen«, meinte D'Amato, »und ja, er käme mit, und das war alles.«

Marsak lebte von der Sozialversicherung und einer Pension allein in einem Zimmer nahe der Roosevelt Avenue. Er war Geschichtsprofessor in Kalifornien gewesen und lebte seit dem Ruhestand in New York. Auch in Kalifornien hatte er allein gelebt. In seiner Einbürgerungsurkunde stand, daß er 1906 in Rußland geboren war und im Zweiten Weltkrieg in der U.S. Army gedient hatte.

»Zeugen, Ballistik und ein Geständnis. Reicht das nicht, um ihn einzusperren?«

»Sicher«, erwiderte D'Amato, »aber wo? Ohne Motiv lacht sich sein Anwalt ins Fäustchen. Senilität, Wahnsinn. Höchstens Heilanstalt, vielleicht auch nur Bewährung und psychiatrische Behandlung.«

»Kann ich mit ihm sprechen?«

Er telefonierte, und dann fuhren wir in seinem Streifenwagen nach Manhattan, parkten bei den Tombs und gingen zu einem modernen Vernehmungsraum des renovierten Gefängnisses hinauf. Marsaks Anwalt erwartete uns, ein hart wirkender Typ in einem teuren blauen Nadelstreifenanzug. Da hatte der alte Mann jemanden an seiner Seite. Ich versuchte den direkten Vorstoß.

»Worin waren Sie und Paul Dunn verwickelt, Mr. Marsak?«

Der Kopf des alten Mannes drehte sich langsam wie ein Panzerturm, der sich auf sein Ziel einschwenkt. Seine fast farblosen Augen starrten mich an.

»Muß ich mit diesem Mann sprechen?«

Groß war er nie gewesen, aber wahrscheinlich kräfig gebaut. Jetzt war er mager, fast ausgemergelt. Sein Nacken schob sich aus dem Hemd, ohne den Kragen zu berühren, sein Gesicht war bleich, sein dünnes Haar und sein buschiger Schnurrbart waren weiß. Er hatte blasse, knochige Hände, die schlaff herunterhingen, ohne Kraft oder wenigstens Interesse. Als hätten die Jahre mehr aus ihm herausgewaschen als nur die Farbe.

»Sie brauchen mit niemandem zu sprechen«, sagte der Anwalt.

»Niemand mordet ohne Grund«, wandte ich mich an den alten Mann.

»Er erinnert sich nicht, warum er es getan hat«, erklärte der Anwalt. »Er hatte keine Ahnung, was er da tat.«

»Es waren böse Menschen«, sagte der alte Mann.

»Böse?« wiederholte ich. »Inwiefern?«

Der alte Mann erwiderte nichts. Er sprach mit Akzent. Slawisch, aber noch etwas anderes. Noch ein anderer Akzent, mit dem slawischen vermischt.

»Wo haben Sie noch gelebt, außer in Rußland?« erkundigte ich mich.

»Ich habe an vielen Orten gelebt.«

»Warum tragen Sie eine Waffe bei sich, Mr. Marasek?«

»Ich trage keine Waffe bei mir.«

»An jenem Abend hatten Sie aber eine bei sich.«

»Ich besitze seit dem Krieg eine Waffe.«

»Und Sie nahmen sie mit zur Nissan-Niederlassung, um Paul Dunn und Bruce Henry zu erschießen. Kein Unfall; kein Zufall.«

»Ich töte den Feind«, sagte der alte Mann.

Der Anwalt rieb sich zufrieden die Hände. »Völlig verrückt.«

»Paul Dunn und Bruce Henry waren Ihre Feinde?«

»Sie sind der Feind.«

Der Anwalt begann fast herumzutanzen, aber ich hatte nicht den Eindruck, daß der alte Mann verrückt war. Er sprach mit fester, ruhiger Stimme. Wörtlich genommen, klangen die Worte zumindest paranoid, aber ich hatte nicht den Eindruck, daß Marasek es wörtlich meinte. Er erzählte die Wahrheit, aber nicht die Fakten.

Draußen lachte der Anwalt. »Das reicht nicht mal für eine Anklage!«

D'Amato widersprach ihm nicht, als er, immer noch grinsend, wegging. »Wer bezahlt den Anwalt?«

»Marsaks alte Armee-Kameraden.«

Es war später Nachmittag, als ich aus den Tombs kam und zu meiner Dachwohnung/Büro fuhr. Vier potentielle Klienten hatten auf meinem Anrufbeantworter Nachrichten hinterlassen. Mit keinem klappte es. Ich ging zu Bogie's, um ein paar Bierchen zu trinken, und dachte darüber nach, warum ein achtzigjähriger Mann zwei völlig Fremde umbringen sollte.

Am nächsten Morgen fuhr ich mit der U-Bahn nach Queens und zur Kreditgesellschaft. *Genug von der Bürokratie Ihrer Bank? Kein Haus, auf das Sie eine Hypothek aufnehmen könnten? Haben Sie einen Wagen? Kommen Sie zu Family Friend, und gehen Sie mit Bargeld nach Hause.* Alice Connors wollte gerade zum Mittagessen.

»Bruce hat mich zweimal die Woche zum Essen ausgeführt«, sagte sie. »So ein Mann war er. Und jetzt –« Sie wischte sich die Augen.

»Sollen wir uns beim Essen darüber unterhalten?«

Im Peking-Restaurant nahm ich Schweinefleisch Moo-Shu. Sie bestellte Hähnchen Kung-Pao.

»Wie lange kannten Sie Henry?«

»Das klingt, als redeten Sie von einem Fremden.« Sie nahm einen Schluck Tee. »Er war der netteste Mann, dem ich je begegnet bin. Er nahm mich mit nach New York. Wir haben uns amüsiert. Bevor ich Bruce traf, lebte ich bei meinen Verwandten. Ich nahm mir eine Wohnung, damit wir zusammen sein konnten. Jetzt wohne ich dort allein.«

Das war der Moment, wo ich den Schatten in ihrer Stimme bemerkte, Etwas, das sie neben der Liebe in sich zurückhielt. Etwas, das sie mir nicht sagen wollte, ja vielleicht nicht einmal sich selbst eingestehen wollte.

»Warum konnten Sie nicht dort, wo Bruce wohnte, zusammensein?«

»Seine Mutter war alt und krank, deshalb lebte er bei ihr.«

»War?«

Sie nickte. »Seine Mutter starb vor vier Monaten. Damals bat mich Bruce, ihn zu heiraten. Es sollte im August sein.«

Sie brach zusammen. Ich ließ sie weinen. Wahrscheinlich war Bruce Henry der erste Mann gewesen, der sich um sie kümmerte und sie nicht nur beim ersten und vermutlich letzten Treffen ins Bett locken wollte.

»Wie lange arbeiten Sie schon bei der Kreditgesellschaft?«

»Sechs Jahre, fast sieben.«

Ihre erste Stelle nach der High-School, und die hatte sie immer noch. Neunzig Prozent der jungen Mädchen aus Queens arbeiten in Büros in Manhattan. Jobs in Queens selbst gingen an ältere Frauen, die es in Manhattan versucht und aufgegeben hatten. Ein schüchternes Mädchen, das jetzt allein war und ein bißchen verloren wirkte.

»Wie lange haben Sie ihn denn gekannt, Alice?« fragte ich.

»Zwei Jahre. Zwei wundervolle Jahre.«

In ihrer Stimme und ihrem Blick lag Trotz. Etwas an diesen beiden Jahren war nicht wundervoll gewesen.

Als ich sie zu ihrem Büro zurückgefahren hatte, sah ich, wie sie hineinrannte. Sieben Jahre, und sie rannte immer noch voller Angst an ihren Arbeitsplatz zurück. Nicht die Art von Frau, die die Art von Mann heiratet, die umgebracht wird. Entweder war sie eine andere Frau, als es den Anschein hatte, oder Bruce Henry war ein anderer Mann gewesen, als sie behauptete.

Ich lud sie die ganze nächste Woche nach der Arbeit zu Drinks ein, obwohl ich mit den Morden nicht weiterkam. Heute abend waren wir zusammen essen gewesen. Jetzt wartete ich, daß sie es sich bequem machte. Als sie aus dem Schlafzimmer kam, trug sie einen roten Morgenmantel, der einen Reißverschluß bis zum Hals hatte.

»Sie haben mir nie gesagt, wie Sie Ihren Arm verloren haben«, meinte sie.

Sie saß auf der kleinen Couch des sauberen kleinen Wohnzimmers und versuchte mich anzulächeln. Im Moment benahm sie sich keck, ihr nackter Fuß schaute unter dem Morgenmantel hervor. Ihre Augen waren jetzt auf mich gerichtet, und ich sah die Nacktheit in ihnen, ihr Wissen darum, daß ihr Körper unter dem Bademantel nackt war.

»Ich war siebzehn«, erzählte ich ihr. »Wir plünderten ein Schiff. Ich fiel in einen Laderaum, und dabei wurde der Arm zerschmettert. Wenn das nicht passiert wäre, hätte ich mich einer Straßenbande angeschlossen und wäre jetzt tot. Statt dessen bin ich losgezogen und habe die wirkliche Welt gesehen. Als ich nach Chelsea zurückkam, wollte ich mehr sein als nur ein großes Rad in der Welt, so wie sie war.«

Ich redete zuviel. Es war der nackte Fuß unter dem Morgenrocksaum, ihre dunklen Augen, die versuchten, keck dreinzuschauen. Als hätte sie eine Frage zu beantworten, die mich oder sie selbst betraf.

»Nachdem Henrys Mutter tot war, wo hat er dann gewohnt?«

»Er bekam eine Wohnung in der Nähe seiner Arbeitsstelle. Er war bei Mr. Dunn Fachmechaniker geworden. Er konnte sich eine eigene Wohnung leisten.«

Sie wich meiner Frage aus.

»Warum ist er nicht hier eingezogen, Alice?«

»Wir waren ja noch nicht verheiratet.«

Sie sah zu Boden, und ich bemerkte den Schatten in ihrem Innern.

»Sie haben nie mit ihm geschlafen, nicht wahr?«

Sie saß da, ihre Zehen ragten unter dem langen Morgenrock hervor. Ich wartete. Sie würde es mir sagen, wenn sie es für richtig hielt. Ich trank mein Bier und dachte über sie, Bruce Henry, Paul Dunn und seine nervöse Frau nach, und über all das, was ich in einer Woche anstrengender Lauferei nicht herausgekriegt hatte.

Ich hatte bei Steiner Nissan angefangen. Es war der übliche Ausstellungsraum, wo die Verkäufer herumlungern wie Gigolos, die in Venedig auf den Touristenzug warten. Die Werkstatt, in der in Zahlung gegebene Autos hergerichtet und Montagswagen repariert wurden, befand sich hinten. Der Verkaufsleiter sprach über Joseph Marsak.

»Er war kein Kunde von uns. Wir haben alle Schuldscheine verglichen.«

»Waren Dunn und Henry mit etwas Ungewöhnlichem befaßt?«

»Alles nur Routine. Die Bullen haben jeden Auftragsschein der letzten drei Jahre überprüft. *Nada*.«

»Könnten sie irgendeine Nebenbeschäftigung gehabt haben?«

Der Verkaufsleiter leckte sich die Lippen, seine Augen glänzten. »Sie meinen, daß sie vielleicht Betrug begangen haben? Illegal? Drogen oder so etwas?«

»Vielleicht Schwarzarbeit. Handel mit gestohlenen Wagen?«

Er schüttelte den Kopf. »Paul haßte alles, was illegal oder unmoralisch war, außer dem einen, stimmt's?« Er zwinkerte mir verschwörerisch zu.

Kam Eifersucht für einen achtzigjährigen Mann, der allein lebte, als Motiv in Frage? Ich kenne mindestens zwei Achtzigjährige, die halb so alte Frauen geheiratet haben, und sie schlafen nicht in Doppelbetten.

»Haben sich die beiden Opfer irgendwo öfter aufgehalten?«

»Drüben bei Ryan's, immer zum Mittagessen und nach der Arbeit.«

»Und an Wochenenden?«

Der Verkaufsleiter schüttelte erneut den Kopf. »Paul fuhr nach Little Neck raus; aber ich hab keine Ahnung, was zum Teufel Bruce gemacht hat.«

Ryan's war eine Kneipe gegenüber, mit Küche, einem alten Shuffleboard an der rechten Wand und Nischen im hinteren Teil. Um 11.30 Uhr waren nur einige wenige vormittägliche Stammgäste da – solche, die immer noch da saßen, wenn spät nachts um 2 Uhr geschlossen wurde, und die gelernt hatten, sich ihre Getränke einzuteilen. Die Barkeeper freuten sich, daß ich kam. Ich bestellte ein Beck's und erkundigte mich nach Dunn und Henry.

»Heutzutage ist man nirgends mehr sicher«, sagte einer der Barkeeper. »Wenn nicht gerade irgendwelche Araber einen Ozeandampfer entführen, dann kommt irgendein alter Irrer daher und verpaßt dir direkt in deinem blöden Job 'ne Kugel.« Keiner von beiden kannte Joseph Marsak, keiner hatte gesehen, daß Dunn oder Henry jemanden getroffen, etwas gekauft oder verkauft hätten.

»Paul hatte oft Streit«, sagte einer. »Er ließ sich von keinem was gefallen, mochte die Weiber, aber das ist alles.«

»Was hielt denn seine Frau von seinem Interesse an anderen Frauen?«

»Das hat Paul nie gejuckt. Er sagte immer, der Mann bringt die Kohle heim und tut, verdammt noch mal, was er will.«

»Bruce auch?«

Der Barkeeper schnaubte. »Große Klappe, aber nichts dahinter. Er hat sich immer an Paul gehängt.«

»Hatte einer von den beiden irgendeine bestimmte Frau hier?«

Der Barkeeper druckste ein bißchen herum, gab aber schließlich zu, daß Paul Dunn und Grace Callas dick miteinander befreundet gewesen seien. Er gab mir eine Adresse in Jackson Heights, und ich nahm mir ein Taxi. Die Adresse stellte sich als obere Hälfte eines Doppelhauses heraus, das eine schattige Gruppe von Ahornbäumen und Eichen überblickte. Niemand öffnete. Ich fuhr zu Alice Connors und ging mit ihr essen.

Nach dem Essen machte ich mich auf den Weg zu dem Apartmenthaus, in dem Joseph Marsak gewohnt hatte, und stieg zu seiner im Rückgebäude gelegenen Wohnung im zweiten Stock hinauf. Man hörte Stimmen. Ich klopfte, und ein vierschrötiger kleiner Mann öffnete die Tür. Er sagte, er sei Joseph Marsaks Hauswirt.

»Mein Frau ist tot, und ich hab zu viele Zimmer und niemanden zum Reden, deshalb nehme ich Untermieter. Marsak war fünf Jahre hier. Er ist zwar trübsinnig, aber wer hat schon keine Sorgen, stimmt's?«

»Trübsinnig weswegen?« fragte ich.

»Wer weiß? Vielleicht irgendwas in Kalifornien, vielleicht vor langer Zeit. Er ist so verdammt still. Manchmal denk ich, er wär nicht zu Hause, und geh in sein Zimmer, und da sitzt er im Dunkeln.«

Marsak hatte die ganzen fünf Jahre nie Besuch gehabt, hatte nicht mal ein Telefon in seinem Zimmer, ging ins Kino, zum Essen, in die Bücherei und vielleicht in die Badeanstalt. Einmal pro Woche in den Waschsalon, wie jedermann. Nur daß nicht jedermann einen Revolver nimmt und eiskalt zwei Männer niederschießt, die ihm anscheinend total fremd sind.

»Möchten Sie sein Zimmer sehen, wie die Bullen?«

Das Zimmer war kahl und spartanisch eingerichtet, bis auf eine große, moderne Stereoanlage. Die Wandbretter waren voller Platten, Bänder und CDs, und das Bücherregal vollgepfropft mit Büchern in vielen verschiedenen Sprachen. Über dem Bücherregal hingen gerahmte Fotografien einer Familie beim Picknick; in einem Boot auf irgendeinem See mit Bergen und Kiefern; auf den Straßen einer alten Stadt mit Steinhäusern und Kopfsteinpflaster; vor einem Landhaus mit weißen Wänden, dunklem Gebälk und einem Strohdach. Zwei Erwachsene, zwei Mädchen und ein Junge. Die Frau war Mitte Zwanzig, dunkelhaarig, der Mann klein, stämmig und in reiferem Alter. Es handelte sich um alte Fotos. Der Mann hätte ein junger Joseph Marsak sein können.

Als ich ging, hockte der Vermieter zusammengesunken vor seinem Fernseher und unterhielt sich mit ihm. »Sieh dir diesen Typen an!« Ich ließ ihn mit seinen Freunden allein, besprach mich mit D'Amato, der nichts Neues hatte, versuchte es noch einmal vergeblich bei Grace Callas und gab es dann für diesen Tag auf. In meinem Büro erhielt ich einen Anruf von einem Rechtsanwalt, der einen Klienten für mich hatte, und vergeudete den nächsten Morgen damit, in dem Büro des Anwalts auf den Klienten zu warten, der nie auftauchte. An diesem Nachmittag fuhr ich nach Queens zurück. Aus Grace Callas' Wohnung tönte Rockmusik. Ich klopfte. Ein Vorhang bewegte sich.

»Habt ihr Bullen denn nie genug? Ich hab schon gesagt, daß ich nichts über Pauls verdammte Sache weiß.« Die Musik wurde lauter gedreht.

Ich rief: »Ich bin ein Privatdetektiv, den Dunns Frau engagiert hat!« Die Musik verstummte. Die Tür flog auf.

»Versuchen Sie ja nicht, mir irgendwas anzuhängen! Ich wußte nicht, daß er verheiratet war!«

»Natürlich wußten Sie das«, sagte ich lächelnd. »Aber das ist Ihre Sache. Mich interessiert bloß, warum ihn der alte Mann umgebracht hat.«

Sie sah mich von oben bis unten an. Eine große Frau. Paul Dunn hatte große Frauen gemocht. Grace Callas war so groß wie Mrs. Dunn, aber da hörte die Ähnlichkeit auch schon auf. Die Callas war knochig und sportlich. Die Art von Frau, die tüchtig ausschreitet, mit hoch erhobenem Kopf und im Wind flatterndem Haar.

»Möchten Sie einen Manhattan?«

Sie hatte bei geschlossenen Vorhängen und Jalousien auf der Couch gelegen, Manhattans getrunken und Musik gehört.

»Zu früh für mich«, sagte ich.

»Ich arbeite nachts. Ich hasse es, allein zu trinken.«

»Warum tun Sie's dann?«

»Ich tu viel, was ich hasse. Zumindest wird es damit hier besser.«

»Haben Sie ein Bier?«

»Möchte der Herr Bürgermeister fotografiert werden?«

Sie brachte eine Dose Coors, legte sich wieder auf die Couch und nippte an ihrem Manhattan. Ich saß mit meinem Bier in einem Lehnstuhl.

»Hat Paul Dunn gern nachmittags getrunken?«

»Er hat nachmittags gern gevögelt.« Sie trank. »Nein, er ging gern von Ryan's weg, um nachmittags zu vögeln. Er ließ seine Kumpels sitzen, um nachmittags zu vögeln. Er zerrte mich zu seinem Wagen, um nachmittags zu vögeln.«

»Wenn er so war, warum haben Sie ihn sich dann ausgesucht?«

»Haben Sie die anderen Typen bei Ryan's gesehen?«

»Warum tun Sie's überhaupt?«

»Warum stehe ich morgens auf?«

»Ich weiß nicht. Warum?«

»Ich weiß es auch nicht.«

Sie stand auf und machte sich noch einen Manhattan. Ich trank mein

Bier. Als sie zurückkam, fragte ich sie wegen Joseph Marsak, aber sie hatte nie von ihm gehört. Paul Dunn war nicht zu ihr gekommen, um zu reden, und wenn er es doch tat, dann nur über sein kleines Kundendienstreich bei Nissan. Von irgendwelchen Nebenbeschäftigungen war ihr nichts bekannt, aber es gab nichts, was sie Dunn nicht zugetraut hätte.

»Er wurde allmählich eine Qual«, sagte sie. »Ich hielt nur dazu her, seinen Kumpels zu zeigen, was für ein toller Mann er war. Es wurde Zeit, daß ich jemand Neues fand.« Sie nickte zu meinem Bier hin.

»Ich will nichts mehr.« Ich hatte keine Lust, an Paul Dunns Stelle zu treten.

»Tun Sie, was Sie wollen.« Sie sah auf meinen leeren Ärmel.

»Es hätte lustig werden können.«

Ich ließ sie allein darüber nachdenken, wieviel lustige Dinge wir zusammen hätten erleben können, und ging wieder zu Alice Connor. Sie wußte nichts über Grace Callas; Bruce Henry hatte sie nie erwähnt. Es schockierte sie, so über Paul Dunn zu denken, und sie bat mich, Marian Dunn nichts davon zu sagen.

Jetzt, einige Tage später an einem heißen Abend in Queens, saß Alice Connors in ihrem Wohnzimmer und sah auf ihre nackten Zehen hinunter, die unter dem Saum des roten Morgenrocks hervorschauten, während sie über Bruce Henry sprach.

»Er wollte, daß wir damit warteten, bis wir verheiratet waren. So war er eben. Seine Mutter war sehr engstirnig und haßte jedes Mädchen, mit dem er ausging.«

»Sie haben also nie . . . ?«

»Nein.« Sie wurde rot, und strich den Morgenrock über ihrem Schoß glatt. »Zuerst war ich . . . hatte ich Angst davor. Ich richtete es so ein, daß sich nie wirklich die Gelegenheit ergab. Dann wollte ich doch und mietete diese Wohnung. Mein Vater war wütend, aber das kümmerte mich nicht. Dann sagte Bruce, wir sollten warten. Er hätte zuviel Respekt vor mir, um irgend etwas vor der Hochzeit zu machen.«

Es war denkbar, daß solche Männer, als Reaktion auf die neue weibliche Sexualität, jetzt wieder im Vormarsch waren, aber der Bruce Henry, der sich bei Ryan's betrank, kam mir nicht so vor, als respektiere er Frauen mehr, als Paul Dunn es getan hatte.

»Er sagte, unsere Hochzeit sollte der wichtigste Augenblick in unserem Leben sein.« Sie sah zu mir auf. »Ich wollte nicht warten. Er behauptete, ich sagte das bloß, weil ich glaubte, er bräuchte Sex, aber er bräuchte ihn nicht. Er nahm sich die Wohnung, ließ mich aber nie dorthin kommen. Dann fing es an, daß er mich früher nach Hause brachte, sich unten verabschiedete, zu spät zu Verabredungen kam oder sie manchmal gar nicht einhielt. Gab es noch ein anderes Mädchen, Dan? Wurde er deshalb umgebracht?«

»Paul Dunn hatte eine Frau, aber . . .«

Sie hörte mir nicht zu. Ihre dunklen Augen waren weit offen und starrten mich an. »Was stimmt mit mir nicht, Dan?«

»Es stimmt alles mit Ihnen.«

Sie saß in der warmen Nacht im Wohnzimmer über der ruhigen Straße in Queens und starrte mich an. Dann stand sie auf und ging auf ihr Schlafzimmer zu, und bei jedem Schritt sah man ihre nackten Füße unter dem Morgenrock. Sie schaute sich um, die Not in den Augen. Ich folgte ihr. Es gab nichts, was mit einem von uns beiden nicht gestimmt hätte, als sie in dem dunklen Schlafzimmer den Morgenrock fallengelassen hatte. Danach schlief sie ein, so eng an mich gekuschelt, als brauche sie eher eine Mutter als einen Liebhaber. Ich schlief nicht ein. Es war zu früh für meine innere Schlafuhr, und ich brauchte keine Mutter. Ich zündete mir eine Zigarette an, und dachte darüber nach, wie der Rest meiner langen Woche aussehen würde.

Am Tag nach Grace Callas und Marsaks Wohnung mußte ich in einem alten Fall als Zeuge auftreten und bekam den LIRR nach Little Neck erst nachmittags. Marian Dunn lebte in einem großen, schäbigen Fachwerkhaus. Ein Mädchen im Teenager-Alter öffnete und starrte auf meinen fehlenden Arm.

»Igitt, ich hasse Krüppel!«

Ich beugte mich nah zu ihrem Gesicht hinunter. »Süße, sag deiner Mutter, daß Dan Fortune hier ist, sonst versohle ich dir mit meinem Stumpf den Hintern.«

Es gibt Leute, die denken, daß Verstümmelte, Kranke und Arme eigentlich keine Menschen sind, keine Menschen wie sie. Den meisten von uns wird das durch die Erziehung ausgetrieben, bevor sie das Alter von Paul Dunns Teenager erreicht haben. Kinder sagen viel über ihre Eltern aus.

»Mr. Fortune?« Marian Dunn trocknete ihre großen Hände an einer Schürze ab. »Haben Sie herausgekriegt, warum . . . warum . . . ?« Ohne ihren Ehemann flatterten ihre Hände hilflos herum.

»Noch nicht, Mrs. Dunn. Können wir einmal über Ihren Gatten sprechen?«

Ihr Gesicht fiel zusammen, und sie setzte sich in einen Sessel in der Eingangshalle. »Paul war ein guter Mann, Mr. Fortune. Verdiente genügend Geld, ging immer zur Arbeit, trank oder spielte nicht zuviel. War nett zu den Mädchen und nahm die Jungen immer mit zum Fischen und Kegeln. Er arbeitete zehn, zwölf Stunden pro Tag, sechs Tage in der Woche. Kundendienstleiter, bevor er vierzig war. Er brachte uns hierher, bevor die Schwarzen in die Gegend zogen, wo wir früher wohnten. Ein guter Ehemann, Mr. Fortune. Und jetzt –«

»Wußten Sie von Grace Callas, Mrs Dunn?«

Sie saß eine Weile da, dann stand sie auf und ging in ein großes, schäbiges Wohnzimmer hinüber. Das Mädchen, das Krüppel nicht ausstehen konnte, saß neben einem untersetzten Jungen in Marinegrün und einem jüngeren Buben und sah fern. Marian Dunn sprach leise mit dem Jungen von den Marines.

»Okay, raus«, befahl der Marine. »Ich und Ma ha'm was zu tun.«

Die Kinder sahen mich mit unbestimmter Wut an. Marian Dunn lächelte dem Jungen zu, dankbar dafür, daß er die Führung übernommen hatte. Sie saß auf der abgewetzten Couch. Der Junge von den Marines stand.

»Wissen die jetzt, warum dieser Alte meinen Dad umgebracht hat?« fragte der Junge von den Marines. »Ich hänge ihn an seinen eigenen Eiern auf!«

»Nicht fluchen, Paulie«, meinte Mrs. Dunn. »Dein Dad hat nie –«

»Ich bekomme allmählich ein anderes Bild von seinem Dad, Mrs. Dunn. Ein Mann, der tat, wonach ihm gerade der Sinn stand.«

»Ein richtiger Mann, mein Dad«, sagte der Junge von den Marines grinsend.

Marian Dunn errötete. Sie wußte alles über Paul Dunns Frauen. Wahrscheinlich würde auch sie sagen, daß ihn das erst zu einem richtigen Mann machte.

»Dieser alte Itzig hat ihn ohne Warnung erschossen«, sagte der Marine.

»Was ist mit Bruce Henry?« fragte ich Marian Dunn. »Hatte auch er noch nebenher eine Frau?«

»Ich weiß nicht«, antwortete sie. Es überraschte sie nicht, daß Henry kurz vor der Heirat mit Alice Connors noch andere Frauen gehabt haben könnte. Ich bekam allmählich eine klarere Vorstellung davon, was es hieß, mit Paul Dunn zusammenzuleben.« »Er war ein guter Ehemann, Mr. Fortune, er –«

»Ich weiß«, sagte ich. »Er trank fast überhaupt nicht, war kein Spieler, zahlte die Rechnungen, war nett zu den Mädchen, ein Kumpel für die Jungs. Aber er kam oft zu spät zum Abendessen, saß mittags ausgiebig bei Ryan's.«

Die Stimme kam von dem offenen Torweg her, tief und zornig. Es war ein älteres Mädchen, das ich noch nicht gesehen hatte.

»Sag ihm doch die Wahrheit, Ma! Sag ihm doch, daß Grace Callas nicht die einzige war. Erzähl ihm das mit Joey!«

Marian Dunn sagte: »Dein Vater hat mich nie angelogen, Agnes. Manche Männer müssen eben so sein.«

»Er hat Joey aus dem Haus gejagt, seinen eigenen Sohn.«

»Joey ist ein verdammter Schwuler«, sagte der Marine, Paul jr.

»Joey ist ein lieber Junge, der alles, wofür Dad stand, genauso haßte wie ich.« Das Mädchen ging vor seiner Mutter in die Hocke. »Ma, er ist tot. Du solltest diesem alten Mann dankbar sein. Wir alle sollten ihm dankbar sein.«

Der Junge von den Marines machte eine Bewegung, als wolle er das Mädchen schlagen. Ich packte sein Handgelenk. Unter der Uniform war er noch ein Junge, und ich habe in meinem einen Arm viel mehr Kraft, als die meisten Leute annehmen. Der Junge war bleich, unfähig, sich freizumachen, ohne beide Hände zu benutzen, und das wäre unmännlich gewesen.

»Mr. Fortune, hören Sie auf!« sagte Marian Dunn.

Ich ließ den Jungen los.

»Paul war ein guter Ehemann, Mr. Fortune. Die Kinder sind zu jung, um das zu wissen, und die anderen Leute, das sind doch alles Dummköpfe und Atheisten.«

Ich erwischte den nächsten LIRR-Zug nach Woodside zurück, aber Alice Connors hatte Tanzstunde; also verabredete ich mich für den nächsten Tag mit ihr zum Abendessen und ging zu dem Apartmenthaus, in dem Joseph Marsak lebte.

»Und?« sagte der Hauswirt. »Die Bullen waren auch wieder hier. Haben Sie immer noch keine Antworten?«

»Ich hab ja noch nicht einmal Fragen«, erwiderte ich. »Sie sagten, er hätte Probleme gehabt. Geld? Eine Frau? Schon lang? Erst neuerdings?«

Der untersetzte kleine Mann dachte nach. »So ein Problem, das man schon so lange hat, daß es zu einem gehört wie die eigene Haut.«

»Aber er benahm sich ganz normal?«

»Eben wie ein alter Mann, der allein lebt.«

»War irgend etwas an ihm nicht wie bei anderen?«

Der Hauswirt zuckte die Achseln. »Diese verrückte moderne Musik, denke ich. Vielleicht das Mädchen, das unten wohnt.«

»Das Mädchen, das unten wohnt?«

»Ein verrücktes junges Ding, das zu laut Gitarre spielt und da unten eine Rockband hat. Sie und zwei andere Mädchen in der Gartenwohnung. Saßen immer draußen im Hof in diesen Bikinis; könnten genauso gut nackt sein. Marsak hat immer oben an seinem Fenster gesessen und zu ihr in den Hof runtergeschaut und mit ihr geredet.«

Ich beschrieb Paul Dunn und Bruce Henry und fragte, ob er sie bei den Mädchen gesehen hätte. Er verneinte.

»Wie heißt das Mädchen, das unten wohnt?«

»Janice Stevens.«

Ich ging in die Wohnung hinunter. Janice Stevens war nicht daheim, aber eine Mitbewohnerin.

»Jan? Mord? Mein Gott, kommen Sie rein.« Sie redete die ganze Zeit, während wir den Flur entlanggingen. »Ich bin Madge. Da sind Sie an die Falsche geraten. Jan würde keiner Fliege was zuleide tun. Sie gehört zu den Leuten, die streunende Kätzchen von der Straße holen, verstehen Sie?« Sie war in der kleinen Küche am Kuchenbacken und legte gerade eine Schicht Walnüsse auf. »Mögen Sie Walnußtorte? Ich könnte mich tot dran essen. Wer ist ermordet worden?«

Ich sagte ihr, wer ermordet worden war, und beschrieb Dunn und Henry.

»Nie von ihnen gehört. Mit so jemandem hatte Jan nie was zu tun.«

»Und was ist mit Joseph Marsak? Haben Sie von dem schon gehört?«

Jetzt legte sie keine Walnüsse auf den Kuchen. »Sie meinen den Alten da oben? Was hat denn der damit zu tun?«

»Er hat Paul Dunn und Bruce Henry getötet.«

»Dieser Alte? Sie spinnen wohl! Warum sollte der denn jemanden umbringen?«

»Genau das wissen wir nicht, Madge«, sagte ich. »Welche Beziehung hat er zu Jan Stevens?«

»Na ja«, sie runzelte die Stirn noch stärker, plötzlich argwöhnisch geworden. »Der Alte sitzt in seinem Fenster und sieht Jan beim Gitarrespielen im Hof zu, und sie reden miteinander. Manchmal taucht er auf, wenn wir eine Party haben, schaut uns zu, und wenn wir Glück haben, kauft er uns Getränke. Ich glaube, daß er Jan einfach mag. Ich meine, er mag sogar unsere Musik, wissen Sie.«

Ich hatte keine sonstigen Fragen. Es war Zeit für meine Verabredung zum Abendessen mit Alice Connors. Eine Verabredung, die, wie ich hoffte, mehr sein würde als nur ein Dinner.

Es stellte sich heraus, daß es viel mehr als ein Dinner war, und als sie gegen zwei Uhr nachts wieder aufwachte, stellte sich heraus, daß es vielleicht sogar mehr war, als ich lange durchhalten würde. Jemandem in meinem Alter konnte sie etwas Angst einflößen. Diesmal schlief sie danach nicht mehr ein. Wir unterhielten uns.

»Hat Bruce je Janice Stevens erwähnt?«
»Nein. War Sie das andere Mädchen, das er hatte?«
»Vielleicht.«
»Ich hasse ihn! Ihretwegen und wegen all der Zeit, die ich vergeudet habe.«

Sie war mehr als bereit, die verlorene Zeit wettzumachen, aber ich hatte den Fall im Kopf, und sie mußte am nächsten Tag arbeiten, weshalb wir beide schließlich einschliefen.

Als ich um sieben aufwachte, dachte ich immer noch über Janice Stevens nach. Ich schlüpfte aus dem Bett, zog mich an und ging weg, um zu frühstücken. Während ich drei Tassen Kaffee trank, dachte ich darüber nach, was sich sonst noch während der letzten vier Monate in Bruce Henrys Leben geändert hatte: Er war zum vollbezahlten Mechaniker für Paul Dunn befördert worden, ein Mann, der Kneipenhocker gern damit beeindruckte, daß er nachmittags mit einer Frau schlief. Konnten Marsak, Dunn oder Henry oder beide, sämtlich hinter Janice Stevens hergewesen sein?

Ich ging zu der Kneipe, die Steiner Nissan gegenüberlag, dem Ryan's. Die Barkeeper hatten nie etwas von Janice Stevens gehört und weder Dunn noch Henry mit einem jungen Mädchen gesehen. Bei Steiner Nissan erhielt ich eine andere Antwort.

»Sicher«, sagte der Verkaufsleiter, »sie hat hier gearbeitet. Telefonistin. Der Big Boss hat sie vor zwei Wochen rausgeschmissen. Machte zu viele Fehler, weil sie dauernd diesen verdammten tragbaren Kassettenrecorder laufen ließ.«

»Hat sie mit Paul Dunn und Bruce Henry zusammengearbeitet?«

»Zum Teufel, nein, die Kleine war bloß im vorderen Büro.«

Ich fuhr zu dem alten Apartmenthaus in einer Seitenstraße der Roosevelt Avenue. Janice Stevens hatte bei derselben Firma wie Dunn und Henry gearbeitet und im selben Haus wie Marsak gewohnt. Ein großes Mädchen mit intelligentem Blick öffnete die Wohnungstür. Sie hatte die Hand auf der Hüfte. Es war eine hübsche Hüfte in engen schwarzen Hosen, außerdem trug sie ein weißes Kosakenhemd und niedrige weiße Stiefel. Ich stellte mich vor.

»Wollen Sie über Joseph Marsak sprechen?«

Sie ging in ein Wohnzimmer voll Elektrogitarren, Verstärker, einem elektronischen Keyboard, einem Satz Trommeln, Mikrophonen und einem vierspurigen Tonbandgerät. Auf dem Boden ringelten sich Kabel zu einem Labyrinth. Außerdem standen noch zwei offene Koffer und einige leere Stereoboxen herum.

»Fahren Sie irgendwohin?«

Sie zuckte die Achseln. »Entweder heimfahren oder verhungern.«

»Warum hat man Sie gefeuert?«

»Woher zum Teufel soll ich das wissen?« Ihre dunklen Augen funkelten mich wütend an. »Ich war gut in diesem Job. Sie haben mich nicht einmal vorgewarnt!«

»Hat das irgendwas mit Paul Dunn oder Bruce Henry zu tun?«

»Ich kannte sie nicht mal.«

»Aber Sie kennen Joseph Marsak.«

Ihr Gesicht wurde traurig. »Ich weiß nicht, warum er sie erschossen hat. Ich konnte es einfach nicht glauben. Er ist so ein netter alter Mann.«

»Wie gut kennen Sie ihn, Janice?«

Sie starrte mich kalt und voller Abscheu an, wie sie es ungeduldigen jungen Männern gegenüber wahrscheinlich oft tat. Ein verächtliches Starren, mit dem sie sie verscheuchte. Ich lasse mich nicht so leicht verscheuchen.

»Versuchen Sie mir nicht zu sagen, daß es Ihnen nicht in den Sinn gekommen ist.«

Sie setzte sich. »Na gut, ich habe mir anfangs Gedanken gemacht. Er war so verdammt nett, interessierte sich so sehr für uns alle. Dann schien er sich auf mich zu fixieren. Er hat immer dort oben an seinem Fenster gesessen und uns beim Üben zugesehen. Er kam zu unseren Partys, kaufte uns Getränke. Aber er machte nie einen Annäherungsversuch, und ich weiß, was Annäherungsversuche sind, das können Sie mir glauben.«

»Sind Sie nie mit ihm ausgegangen? Ist nie irgendwas passiert?«
»Nie und nichts.«
»Und es war auch nichts mit Paul Dunn oder Bruce Henry? Sie wurden nicht zudringlich, versuchten nicht, sich mit Ihnen zu treffen?«
»Die haben nie mit mir gesprochen, um Himmels willen! Ich wußte ja kaum, wer Dunn war, und wußte nicht einmal, wie Henry aussah!«
»Was geschah an dem Tag, an dem Sie rausgeschmissen wurden?«
Sie zuckte die Achseln. »Ich habe am Freitagabend zu arbeiten aufgehört. Da sagte mir der Chef, ich brauchte am Montag nicht mehr zu kommen. Ich war gefeuert.«
»Was taten Sie dann?«
»Ich ging raus und betrank mich. Was hätten Sie getan?«
»War Marsak in der Nähe, als Sie sich betranken?«
»Nicht daß ich wüßte.«
»Er brachte die beiden Männer um, die am selben Arbeitsplatz arbeiteten wie Sie. Er hatte keinen Grund, sie zu töten.«
»Warum tat er es dann?«
»Woher soll ich das wissen? Was weiß ich über ihn oder sie?«
Sie starrte mürrisch auf ihre Instrumente. Ich ließ sie allein, fuhr im Taxi zur LIRR-Station in Woodside und nach Little Neck hinaus. Marian Dunn war allein zu Hause und hatte nie etwas von Janice Stevens gehört. Paul Dunn hatte Rockmusik gehaßt. Ich nahm den leeren Mittagszug zurück zu Grace Callas. Sie war nicht allein, gab mir zu verstehen, daß ich meine Chance verpaßt hätte, und wußte weder etwas von Janice Stevens noch von den beiden Männern, die unter ihrer Treppe warteten. In Mänteln und Hüten. Einer von ihnen hatte eine Waffe, der andere packte meinen Arm und zerrte mich hinter eine Garage.

»Wir möchten, daß Sie Joe Marsak in Ruhe lassen.«
»Überlassen Sie das der Polizei und den Anwälten, Fortune.«
Sie wußten, was sie taten, aber sie atmeten zu schwer, und ihre Bewegungen waren steif, aus der Übung. Für Gangster drückten sie sich zu vornehm aus, und unter ihren Hüten sah ich graues Haar.

Ich sagte: »Ihr seid die alten Soldaten, die seinen Anwalt engagiert haben.«

»Er war ein wirklicher Held, lassen Sie ihn in Ruhe. Verstanden?«

»Überlassen Sie das dem Anwalt, Fortune. Wir werden Sie nicht töten, aber wir bringen Sie ins Krankenhaus.«

Sie ließen mich stehen; man hörte einen Wagen wegfahren. Ich ging zu D'Amato, um mit ihm zu sprechen. Er war weg. Um fünf kam er zurück und sah so müde aus, wie ich mich fühlte. Ich erzählte ihm das mit Janice Stevens und den alten Soldaten.

»So ein Mädchen taucht bei Henry oder Dunn nicht auf. Ein alter Mann sitzt an seinem Fenster und macht einem jungen Mädchen Augen. Wo ist da ein Motiv?«

»Falls er nicht doch mehr getan hat, als ihr Augen zu machen, und sie hinsichtlich Dunn oder Henry lügt«, sagte ich. »Was ist mit den alten Soldaten?«

»Er war ein Held. OSS, hinter den Linien bei den sowjetischen Partisanen. Sie sagen, sie wüßten nicht, warum er diese zwei erschossen hat, aber es müßte eine Kriegsneurose gewesen sein. Der Anwalt freut sich, daß er sie als Zeugen hat.«

Ich ging. Die letzte Nacht war schön gewesen, und Alice Connors erwartete mich zurück, aber es waren eine kurze Nacht und ein langer Tag gewesen, weswegen ich die U-Bahn nach Hause nahm. Ich wollte Alice anrufen und ihr sagen, daß ich zu viel zu tun hätte und es morgen nachholen wollte. Aber ich hätte es besser wissen müssen.

Sie hatte lange auf den Ausbruch gewartet, und jetzt wartete sie auf der Treppe vor meiner Tür. Wir gingen hinein. Sie war ausgezogen, bevor ich die Tür abgeschlossen hatte.

Viel später erzählte ich ihr von meinem Gespräch mit Janice Stevens und Marian Dunn und Lieutenant D'Amato. Plötzlich begann sie zu weinen, und ihr ganzer Körper schien sich wie vor Kummer zu schütteln.

»Was ist nur mit ihm passiert, Dan? Er war so sanft, so aufmerksam. Und dann starb seine Mutter, er nahm diese Wohnung, und dann war er furchtbar!«

»Furchtbar?«

»Ich wollte es dir nicht sagen. Ich dachte, du würdest mich auslachen und denken, ich sei nur eine neurotische Frau.« Sie lehnte ihr Gesicht gegen meine gute Schulter.

»Eines Abends, vor einem Monat, war er wirklich betrunken und fing an, sich zu benehmen, als würde diese ganze Warterei nur von mir stammen und als hätte er jetzt genug von meinem Kleinmädchen-Getue. Er machte mir angst, deshalb sagte ich nein. Er warf mich zu Boden, und ich dachte, er würde mich vergewaltigen, aber er war so betrunken, daß er nichts mehr tun konnte. Ich ging ins Schlafzimmer, verschloß die Tür und hörte ihn die halbe Nacht herumtaumeln. Am Morgen war er weg und rief drei Tage lang nicht an.«

Im Dunkel meiner Dachgeschoßwohnung, während draußen schon die morgendlichen Geräusche auf der Eigth Avenue zu hören waren, begann ich mir allmählich ansatzweise ein Bild davon zu machen, was mit Bruce Henry passiert war. »Er rief immer seltener an. Er sagte, er würde anrufen, tat es aber nicht. Fast so, als wollte er mich sehen, könnte es aber nach jener Nacht nicht mehr, in der er versucht hatte, mich zu vergewaltigen.«

Sie preßte sich eng an mich. Ich sagte: »Seine Mutter starb, und er bekam eine Wohnung. Er begann unter Paul Dunn zu arbeiten, mit Dunn herumzuhängen, mit Dunn zu trinken.« Die halbe Antwort hatte ich, aber wo war die andere Hälfte? »Alice, hat Bruce mal von einer Telefonistin bei Steiner Nissan erzählt, die gefeuert wurde?«

»Nein.« Sie rückte im Dunkeln näher an mich heran. »Mr. Dunn versuchte, einen Mann zu feuern, der keine Befehle ausführen wollte, aber nichts mit einem Mädchen. Bruce hätte den Job des Mannes bekommen, aber irgend jemand warnte den Mann und vermasselte es. Mr. Dunn war wütend und wollte mit jemandem abrechnen.«

Joseph Marsak hatte zwei Männer ermordet, die er nicht kannte. Den Feind. Nicht »die Feinde«, sondern »den Feind«. Und in Gedanken sah ich die Fotografien an der Wand in Joseph Marsaks Zimmer vor mir.

Er war ein großer, grauhaariger Schwarzer, dem sich die jahrelange Arbeit an öligen Maschinen in die großen Hände gegraben hatte. Er hieß Walter Davis und saß mit dem Rücken zur Bar im Ryan's.

»Yeh, sie wollten mich rausschmeißen. Ich weiß zu viel über Autos, als daß ich mir von Dunn sagen lasse, wie ich arbeiten soll.«

»Hätte er Sie rauswerfen können?«

»Er hat dran gearbeitet. Ich trink zuviel. Er könnt jüngere Burschen kriegen, die genauso gut sin. Ich wär schlecht für die Moral, und so'n Scheiß.«

»Aber sie sind gewarnt worden und nicht rausgeflogen.«

Er grinste. »Ich bin zwanzig Jahre länger bei Steiner als Dunn. Ich hab dem Boss gesagt, daß ich nichts weiter tät, als mich von Dunn nich rumschubsen lassen, daß ich auch nicht mehr trink als sonst, daß ich der beste Mechaniker in der Stadt wär und Honda mich jederzeit nehmen würd, wenn er mich nicht mehr will. Das zieht immer.«

»Janice Stevens hat Sie gewarnt.«

»Netter Käfer, hat alles gern sauber und schön. Sie hat gehört, wie Dunn und Henry am Telefon über mich geredet ham. Sie hat gehört, daß Dunn Henry gesagt hat, er würd meinen Job kriegen. Sie ham drüber gelacht, hat sie mir erzählt.«

»Und sie wurde dafür gefeuert.«

»Ich hab den ganzen Montag damals mit dem Boss geredet. Er hat gesagt, das wär nicht meine Sache. Dunn und Henry hätten nichts damit zu tun. Sie wär einfach nicht gut in ihrem Job und hört den ganzen Tag Musik.«

»Was meinen Sie?«

»Da stecken sicher die beiden dahinter. Der Boss hat das Mädchen wegen ihnen gefeuert, um wettzumachen, daß er mich behalten hat. Kann's nicht beweisen. Würde wirklich meinen Job verlieren, wenn ich's versuche.«

»Yeh«, sagte ich.

Janice Stevens war mit ihren beiden Mitbewohnerinnen in ihrer Wohnung. Sie halfen ihr gerade fertigzupacken; keine von den dreien sah sehr glücklich aus.

»Erzählen Sie mir doch mal, was an dem Abend, als Sie gefeuert wurden, wirklich passiert ist.«

Sie wandte sich ab. »Mein Dad kommt in zehn Minuten. Die neue Mitbewohnerin kommt. Mir ist grad nicht nach Reden zumute, okay?«

»Nicht okay. Sie haben zuviel weggelassen. Sie wissen, warum Marsak diese zwei Männer tötete.«

Die Blonde, Madge, sagte: »Hey, Sie spinnen wohl.«

»Lassen Sie sie doch in Ruhe«, meinte die andere Mitbewohnerin.

Ich sagte: »Beginnen Sie mit jenem Freitagabend, und was Marsak gehört hat, als er am Fenster saß.«

Nach einer Weile begann Janice Stevens mit leiser Stimme zu sprechen. »Der Boss gab mir meinen Scheck und sagte, ich sollte am Montag nicht mehr wiederkommen.« Dann weinte sie. »Ich hab diesen Job gebraucht, ich war erst zwei Monate da, ich hatte mein ganzes Geld für die Wohnung und die Versicherung ausgegeben und um die Gitarre abzubezahlen. Wenn ich diesen Job verlor, mußte ich heimfahren. Ich hab ihn gebeten, mich nicht zu feuern. Ich hab ihn gefragt, was ich denn falsch gemacht hätte. Er sagte, ich wäre nicht schnell genug gewesen, ich hätte nicht genug Erfahrung – dieser ganze Mist –, und nichts davon hieß irgendwas, aber ich wurde gefeuert, und er sagte mir nicht mal, warum!«

Sie tobte und schrie, lief durchs Wohnzimmer, schlug eine Hand in die andere. Sie durchlebte jenen Abend noch einmal, den Schmerz, die Niederlage. Ihr erster Job, ihre erste Wohnung, ihre erste Trennung von den Eltern, die ihr vorausgesagt hatten, daß sie nicht allein überleben könnte. Und sie hatte es trotzdem getan. War nach New York gekommen, hatte einen Job gefunden, war einer Band beigetreten, hatte eine Wohnung gefunden. Und dann war von einem Moment zum nächsten alles vorbei. Ihre Träume, alles war dahin.

Sie wischte sich die Tränen ab. »Ich saß dort einfach auf dem Boden und konnte nicht aufhören zu weinen. Ich hätte am liebsten alles zertrümmert, aber das einzige, was ich tun konnte, war auf dem Boden zu sitzen und zu heulen. Und dann hörte ich sie.«

Es klingelte an der Tür. Eine der Mitbewohnerinnen öffnete. Ein Mädchen kam herein, und hinter ihm ein Mann mit angrautem Haar, der einen Anzug trug. Die neue Mitbewohnerin und Janice Stevens Vater. Janice sah keinen von beiden an.

»Sie waren außerhalb des Büros in der Werkstatt. Dunn und Henry. Sie lachten. Lachten und grinsten. Lachten mich aus! Sie sahen mich weinen und lachten einfach immer weiter, und ich stand auf und rannte raus und rannte den ganzen Weg bis hierher. Jetzt wußte ich, warum man mich rausgeschmissen hatte. Sie hatten den Boss angelogen, ihm irgendwas erzählt, sie waren schuld, daß ich rausgeflogen war, und jetzt lachten sie über mich.«

Sie begann wieder zu weinen. Die beiden Mitbewohnerinnen sahen sie schweigend an. Die neue Untermieterin sah aus, als wolle sie auch gleich in Tränen ausbrechen. Dem Vater sah man an, daß ihm unbehaglich war.

»Sie kamen also nach Hause«, sagte ich, »gingen in den Hinterhof, um zu weinen und Ihren Mitbewohnerinnen genau dasselbe zu erzählen, was sie jetzt mir erzählt haben. Alles, wie sie rausgeschmissen wurden, und wie sie Sie ausgelacht haben, als Sie weinten. Und Joseph Marsak saß oben an seinem Fenster und hörte alles mit an.«

Sie wischte sich übers Gesicht. »Ich weiß nicht, warum er es getan hat, aber ich weiß, daß er mir helfen wollte, und ich wollte nicht, daß ihm jemand wehtat.«

Sie gehörte zu der Sorte Mensch, die streunende Katzen mit nach Hause nehmen und verwahrlosten Hunden Dornen aus den Pfoten ziehen. Sie hatte versucht, einem schwarzen Mechaniker zu helfen, und dafür ihre Welt zerstört, und als sie wußte, was Joseph Marsak getan hatte, hatte sie versucht, ihn zu schützen, indem sie schwieg.

»Wir reden besser mal mit der Polizei«, sagte ich.

»Ich habe sie gehaßt«, erwiderte sie. »Und den alten Mann mochte ich. Ich war froh, als sie tot waren, und ich wollte nicht, daß ihm etwas passierte.«

»Ich weiß«, sagte ich.

»Ich hätte sie am liebsten selber umgebracht, zerschmettert, weggefegt! Diese gemeinen, lachenden Idioten weggefegt!«

»Es steckt in jedem von uns«, sagte ich, »aber wir bekämpfen es. Das ist es, was man von der Zivilisation erwartet.«

Ihr Vater sagte: »Ich fahre dich zur Polizei.«

Auf dem Revier hörte sich D'Amato ihre Geschichte mit verwirrter Miene an. Er schaute zu mir.

»Marsak hat sie erschossen, weil sie schuld daran waren, daß ein Mädchen rausgeschmissen wurde? Ein Mädchen, das er kaum kannte? Ich meine, ein Mädchen, das jung genug war, um seine Enkelin zu sein, und das unter ihm wohnte und lebte? Mein Gott, er *ist* verrückt.«

»Nicht, weil sie wegen ihnen rausgeflogen war«, sagte ich.

»Sondern weil sie gelacht haben. Weil sie sahen, wie sie litt, und trotzdem lachten.«

D'Amato schwieg.

»Erinnern Sie sich an den Akzent, den er hat, den Akzent, der nicht russisch ist? Wahrscheinlich ist es Deutsch. Erinnern Sie sich, daß er sagte, er hätte an vielen Orten in Europa gelebt? Wie er hinter den Nazi-Linien gearbeitet hat?«

»Paul Dunn war damals gerade geboren. Henrys *Vater* war damals ja noch ein Kind.«

»Erinnern Sie sich an die Bilder bei ihm an der Wand? Die Familie vor dem Krieg? Und daß er seit dem Krieg allein gelebt hat?«

D'Amato fuhr uns zu den Tombs hinunter und nahm mich und Janice Stevens mit in den Vernehmungsraum. Marsak wurde wenige Minuten später hereingeführt. Als er Janice Stevens sah, blieb er stehen, dann setzte er sich. Er sah mich an. »Sie sind ein guter Detektiv.«

D'Amato sagte: »Können wir Ihren Arm sehen, Mr. Marsak?«
Er zuckte die Achseln. »Es ist nur noch eine kleine Narbe. Sie haben die Tätowierung beim OSS entfernt; es wäre zu offensichtlich gewesen.«

»Ihre Familie?« sagte ich.

»Meine Frau und mein Sohn. Meine zwei Töchter. Ich entkam, sie nicht. Ich sah die Nazis lachen, während meine Frau starb, während mein Sohn starb, während meine zwei Töchter starben. Sie brachten sie um und lachten dabei. Jene beiden lachten über Janices Schmerz, über ihr Leiden. Dieses Lachen habe ich mein ganzes Leben lang gehört. Ich habe meine Pistole genommen und bin hingegangen. Mich lachten sie auch aus. Da habe ich sie erschossen.«

D'Amato war bleich. »Sie kannten sie ja nicht einmal. Dunn hatte eine Frau, eine Familie. Henry stand kurz vor der Heirat.«

»Doch, ich kenne sie«, erwiderte der alte Mann. »Familienväter, Hundeliebhaber, Biertrinker, aber sie sind es, die Auschwitz möglich machen. Sie bauen Auschwitz; sie stellen das Personal; sie dulden es. Führer können ohne Gefolgschaft nicht existieren. Sie sind der Feind.«

»Sie hätten sich noch ändern können, Mr. Marsak«, sagte D'Amato.

»Ich habe ihre Augen gesehen. Ich kenne diese Augen. Die ändern sich nie. Ich bin ein alter Mann, mir macht das nichts aus. Man muß ihnen Einhalt gebieten.«

Ich stand auf und ging hinaus. Ich zündete mir eine Zigarette an und rauchte gerade, als D'Amato und Janice Stevens zu mir kamen. D'Amato war immer noch bleich. Janice ging zu ihrem Vater hin.

»Ich komme zurück, Mr. Fortune. Von denen lasse ich mich nicht unterkriegen.«

Sie würde bestimmt zurückkommen. D'Amato schaute ihnen nach. »Der Staatsanwalt wird in Ohnmacht fallen«, sagte er. »Der Bürgermeister kriegt einen Schreikrampf. Dagegen wird diese Sauerei mit der Selbstjustiz in der U-Bahn wie ein Kaffeekränzchen wirken.«

Er zögerte noch einen Moment, bevor er zum Staatsanwalt ging, um ihm zu sagen, daß er einem achtzigjährigen Mann den Prozeß machen müsse, der seine ganze Familie im Holocaust verloren hatte, der sein Leben gegen die Nazis riskiert und zwei ihm unbekannte Männer getötet hatte, weil sie über den Kummer eines Mädchens gelacht hatten. Ich mußte es nur meinen Klienten sagen, aber ich brauchte ein paar Bierchen, bevor ich nach Little Neck hinausfuhr.

Der Junge von den Marines öffnete die Tür, als ich bei den Dunns klingelte. »Verschwinden Sie!«

»Ganz der Vater. Hol deine Mutter.«

Er wurde rot, aber er war doch noch ein Junge, seiner Sache nicht sicher.

Er würde erwachsen werden, und dann würde er sich seiner Sache sicher sein.

»Die Bullen haben angerufen«, sagte er mürrisch. »Sie ist in der Kirche.«

Er schlug mir die Tür vor der Nase zu. Die Kirche war drei Blocks weiter. Marian Dunn kniete vor einem kleinen Altar mit hundert brennenden Kerzen. Sie weinte wieder.

»Dieser alte Mann hat meinen Paul für nichts und wieder nichts umgebracht. Er war nicht der beste Ehemann; er war nicht einmal ein besonders guter Mann; aber er war mein rechtmäßiger Ehegatte, und eine Frau sollte ihren Gatten lieben.«

Sie begann für Paul Dunn und Bruce Henry und Joseph Marsak zu beten, und sogar für mich. Sie bat um Vergebung dafür, daß sie ihrem rechtmäßigen Gatten gegenüber schlechte Gedanken gehabt hatte.

Ich fuhr nach Woodside zurück. Alice Connors war nicht daheim. Ich ging in meine Dachwohnung. Dort wartete sie auf mich. Sie weinte ein bißchen um Bruce Henry, aber vor allem um Joseph Marsak, und dann liebten wir uns am Spätnachmittag. Später unterhielten wir uns.

»Was wird jetzt mit ihm passieren, Dan?«

»Viel lautes Gerede über Recht und Gesetz. Dann wird das Ganze zum verschleppten psychotischen Trauma erklärt, und er wird in eine psychiatrische Klinik kommen. Das ist wahrscheinlich die richtige Antwort, sogar die Wahrheit.«

Wir hatten einen guten Monat. Dann kriegte sie einen besseren Job in Manhattan, begegnete einem jüngeren Mann mit zwei Armen und flog auf die Bahamas. Sie würde mir immer dankbar sein für das, was ich getan hatte. Ihr Leben begann jetzt gerade, und sie wußte, dank mir, daß sie es schaffen würde. Sie gab mir sogar einen Abschiedskuß.

The Motive © 1987 by Michael Collins

PURPURSCHRIFT
Juliann Evans

Juliann Evans ist ein neues Talent auf dem Gebiet der Kriminalliteratur. Ursprünglich auf sogenannte True-Crimes, präzise recherchierte Geschichten über wahre Begebenheiten in Sachen Kriminalität, spezialisiert, wechselte sie erst neuerdings zur Fiktion über. Mit Purpurschrift *beweist sie auf Anhieb ihre Meisterschaft als Autorin von Kriminalkurzgeschichten. Derzeit arbeitet die Amerikanerin an ihrem ersten Roman, natürlich einem Krimi.*

Würde der Purpur heute zu ihm sprechen?
»Charles, möchtest du noch Kaffee?«
Sechs Worte. Er nickte und sah zu, wie seine Mutter die heiße Flüssigkeit in die Tasse goß. Die Tasse war aus feinem Porzellan, an den Seiten mit Rosen gesprenkelt. Der Rand war an einer Stelle ein wenig angeschlagen.

Er fügte Zucker hinzu, einen Teelöffel, und Sahne, zwei Teelöffel, und rührte genau zehnmal um. Eins–zwei–drei–vier–fünf–sechs–sieben–acht–neun–zehn.

Seine Mutter ließ sich schwer auf den gesprungenen Vinylstuhl fallen, der ihm gegenüber stand. »Ich sehe gerade, das Mädchen am Ende des Flurs hat geheiratet. Wäre ein nettes Mädchen für dich gewesen.«

Achtzehn Worte. Er antwortete nicht. Er dachte, seine Mutter erwartete auch keine wirkliche Antwort. Er schlürfte seinen Kaffee, wobei seine Zunge vorsichtig die angeschlagene Stelle am Rand berührte. Nach zwei Schlucken stellte er die Tasse vorsichtig auf den Tisch zurück. Er setzte die Tasse dort immer nach zwei Schlucken ab. Andernfalls war alles ungültig, und er mußte von neuem beginnen. Vierzehn Schlucke, siebenmal pro Tasse, wenn sie sie nicht zu voll füllte.

Er schob seinen Stuhl zurück und zog seine Jacke an. Sie sagte ihm immer, er solle eine Jacke tragen. Er hatte die Übersicht verloren, wie viele Male sie es schon gesagt hatte, aber er wußte, es ging in die Hunderte. Diesmal sagte sie nichts, sondern las weiter in ihrer Zeitung.

»Danke fürs Frühstück. Bis heute abend«, sagte er. Sechs Worte. Er bewilligte sich jeden Tag zweihundert. Er hatte sein System sorgfältig ausgearbeitet. Jeden Tag zweihundert Worte, oder weniger. Die Gesamtzahl konnte nicht auf den nächsten Tag übertragen werden.

Worte hatten für ihn Farben: rot, gelb oder grün. Wenn er etwas gefragt worden wäre, hätte er jetzt gerade in Blau geantwortet. Blaue Worte waren für seine Mutter. Sie verwendete gelb für ihn.

Er zog die Wohnungstür zu und sah auf die Uhr. Ganz pünktlich, wie immer: 7 Uhr 40. Zehn Minuten zu Fuß zur U-Bahn. Er zählte seine Schritte und war dabei so auf die Zahlen konzentriert, daß er die rote Ampel nicht bemerkte. Fast hätte ihn ein Taxi angefahren.

»Paß auf, du Idiot!«

Vier rote Worte. Er lächelte entschuldigend, vergeudete seine Worte jedoch nicht an den wütenden Taxifahrer.

In die U-Bahn und mit den anderen sich bewegenden Füßen die Treppe hinunter. Er erschauderte, als ihn Arme und Beine berührten. Er versuchte ihnen jeden Morgen auszuweichen, aber sie schoben ihn zum Geländer hinauf. Er spürte, wie ihm das Metall ins Bein schnitt. Er weigerte sich, sie anzusehen. Er hielt sich starr.

Er ging nicht gerne in den Untergrund. Es roch dort schlecht. Und wenn eine der Deckenleuchten durchbrannte, konnte er nichts sehen, und das machte ihn ängstlich. Er war nicht gern im Dunkeln. Er kam sich hier unten immer so schmutzig vor. Der Geruch nach Abfall und Zigaretten erstickte ihn. Ein Mann, der eine braune Papiertüte an die Brust preßte, blies ihm schwere, widerliche Luft ins Gesicht. Er versuchte sich abzuwenden. Jetzt begann das Würgen, wie jeden Morgen. Er legte die Hand auf die Kehle. Ich muß langsam atmen, dachte er und zählte eins–zwei–drei.

Das Würgen ließ nach. Er konzentrierte sich darauf, die Wände zu betrachten. Dies könnte der Tag sein. Purpur könnte heute zu ihm sprechen.

Auf den Wänden standen in unregelmäßigen Abständen Wörter in Schwarz, Blau und einem lebhaften Rot. Er las die Namen der Leute, von denen ihm die meisten fremd waren. Die U-Bahnwagen fuhren ein. Sie waren mit schwarz-blauen Wörtern bedeckt. Niemand hörte die Worte so, wie er sie hörte. Gelegentlich wagte er einen Blick auf die leeren Gesichter, aber es deutete nichts darauf hin, daß sie die Farben hörten. Er überflog die Wörter. Nichts. Er schaute jeden Tag, aber es war nichts, seit dem letzten Mal. Er stand eine Weile im Wagen, umklammerte einen Pfosten und hielt den Blick auf die Wände gerichtet. Einmal ruckte der Wagen, und er wäre fast einem jungen Mädchen auf den Schoß gefallen. Er sah sie zum erstenmal an. »Entschuldigen Sie«, sagte er. Zwei Worte. Welche Farbe? Er konnte sich nicht entscheiden. Er fühlte sich verwirrt.

»Macht nichts.« Sie lächelte, und er konnte ihre ebenmäßigen weißen Zähne sehen. Bürstet sie ihre Zähne auch morgens und abends fünfundzwanzigmal, überlegte er. Sie bewegte sich auf ihrem Sitz, und er merkte, daß er sie anstarrte. Er sah weg und studierte wieder die Graffiti.

Sein Kopf drehte sich langsam, während er die Wände las. Nichts. Er begann ihr Parfüm zu riechen. Es roch wie Blumen, nicht wie die Gerüche der U-Bahn. Dort roch es immer nach Grab. Schließlich war es ja auch ein Loch in der Erde, ein Ort für Würmer. Das war ein anderes Wort für Schlange, und wem die Schlange diente wußte er. Aber er würde mit dem Zeichen entrinnen.

Er verließ den Wagen und ließ die junge Frau vor, wie ihm seine Mutter geheißen hatte. »Sei höflich. Mach dich den Mädchen sympathisch.« Seine Mutter wollte, daß er heiratete. Er roch das Haar des Mädchens. Rosen, und nicht zu kräftig. Er zwang sich, die Wände der U-Bahn-Station abzusuchen, ging langsam weiter, schaute. Es war erst zwölf Stunden her, seit er am Vortag hier gewesen war. In dieser Zeit konnte die Nachricht hinterlassen worden sein.

Er war sich nicht sicher, ob die Nachricht für ihn hinterlassen werden würde. Er wußte nicht, wieviele andere nach dem Purpur schauten und wieviele andere die Farbe zu sich reden hörten.

Das Mädchen blieb vor ihm neben einem Pfeiler stehen, und Charles ging um sie herum. Und da sah er ihn. Den Purpur. Auf die Worte kam es nicht an. Worauf es ankam war nur, daß sie in Purpur geschrieben waren. Riesengroß über die Wand hinter dem Mädchen verteilt sprach der Purpur zu ihm.

Er bewegte die Augen und sah sie wieder. Sie lächelte ihn an. Er sah weg. Er wußte, was er zu tun hatte.

Er wartete, bis sich die Menge an ihnen vorbeigeschoben hatte und sie beide allein standen. Der Zug fuhr weg. Er wartete auf der anderen Seite des Metallpfeilers. Sie wartet wohl auf eine andere U-Bahn, dachte er.

Er stand hinter dem Pfeiler und sah sie an. Sie war sorgfältig geschminkt. Es war ein nettes Mädchen, die Sorte, die er heiraten sollte, wenn es nach seiner Mutter gegangen wäre. Er erstarrte.

Es war so leicht. Sie hatte keine Ahnung, daß er hinter ihr stand. Als die nächsten glänzenden Wagen auf den Bahnsteig zuglitten, trat er vor und stieß sie aufs Gleis. Er schloß die Augen, als sie stürzte, und versuchte, nicht auf ihre Schreie und das Geräusch der Bremsen zu hören. Er konnte den Geruch der angeschmorten Bremsen riechen. Er konnte nicht hinsehen. Sie war so nett gewesen, nicht wie die andere, die alte, verkrüppelte Frau.

Aber Regeln waren Regeln. Er konnte keine Ausnahme machen. Er hatte das Zeichen empfangen, und die nächste Person, die er dann sah, war es. Er mußte gehorchen. Er konnte keinen Ersatz nehmen. Er mußte sich selbst erlösen und dem Grab entrinnen.

Der Purpur hatte gesprochen.

Purple Prose © 1987 by Juliann Evans Fleenor

GANZ DER GENTLEMAN
Joseph Koenig

Joseph Koenig ist in seiner amerikanischen Heimat vor allem für seine sogenannten True-Crime-Stories bekannt, Kurzgeschichten, die von tatsächlichen Verbrechen handeln. Mehr als 900 Stück davon hat er für diverse Pulp-Magazine geschrieben. Daß er auch gute Verbrechen erfinden kann, bewies er mit seinem ersten Roman Floater, *der von den Mystery Writers of America, dem amerikanischen Kriminalschriftstellerverband, 1986 auf Anhieb für den Edgar-Allan-Poe-Preis nominiert wurde.*

Wir ham da noch 'nen Armenanwalt im Büro vom Pflichtverteidiger, der sich um Ladenklauereien und Hundescheiße kümmert, aber Sie sind die erste freiwillige Rechtsverdreherin, die hier bei uns aufkreuzt, seit R. J. seine Bude dichtmachen mußte. Auf der Rechtsakademie waren Sie seine Süße, hab' ich recht? Ich hoffe, Sie nehmen's nich' persönlich, wenn er vor Glück nich' grade ausrastet, wenn er Sie hier antanzen sieht, er hat sozusagen generell 'nen Pik aufs schöne Geschlecht. Sie denken jetzt garantiert, oh, der ist immer noch 'n ganzer Mann. Klaro, bloß würd ich nich' auf zu enge Tuchfühlung gehen, wenn ich Sie wäre.

Sicher, als Sie zwei 'n Paar waren, da war R. J. ganz der Gentleman. Weiß Gott, der hat immer jede Menge Mädels zum Üben gehabt. Das lief bei ihm unter Public Relations, und er ist dabei voll auf seine Kosten gekommen, weil die Tour, die er bei den Mädels drauf hatte, die hat ihm schließlich Dove Parker zugeführt, als es den Riesenschlamassel mit ihrem Ehemann gab.

Der alte Buster Parker, dem seine bessere Hälfte Dove war, war um 180 Grad anders als R. J. Ein echter Scherzkeks, könnte man sagen, und seine tollsten Gags hat er sich immer für die Femmes aufgehoben. Ein Lieblingswitz von ihm war, daß er einen Zwanzig-Dollar-Schein in

Batteriesäure tauchte und dann schnell zum Laden flitzte und dafür 'nen Haufen Kram kaufte, den er eigentlich gar nich' brauchte. Ein paar Stunden später hatte sich der Zwannie restlos aufgelöst, und die Verkäuferin wunderte sich, daß die Kasse nich' stimmte. Damit hat er auch Tess Finch drangekriegt, und sie brauchte sage und schreibe vierzigmal, bis sie's gecheckt hat. Das war einfach Busters Art, sich ranzupirschen. Weiß doch jeder, daß er scharf auf Tess war, seitdem sie wieder in Lincoln Falls war. Nur daß Tess ihm nich' mal guten Tag gesagt hätte, auch wenn Dove nich' ihre beste Freundin gewesen wäre, damals auf der Schule. Sie hätte ihm eher die Augen ausgekratzt. Nach den Kostproben von Busters Humor hatte Tess keinen Nerv mehr für Männer, die Spielchen mit ihr trieben.

Daß so 'n alter geiler Bock wie Buster sich so 'ne feine Lady angelt, die halb so alt ist wie er, das ist der nächste Witz, nur daß ihn diesmal Dove ausbaden mußte. Dove war aus einer der besten Familien von Lincoln Falls und war gut betucht, bis ihr Pa alles an der Börse verlor. Dove hat's nich' ertragen, daß Buster sie in einer Tour besuchen kam, aber weil er den Daumen auf dem Haus hatte, ließ ihm ihr Pa die freie Wahl. Als Dove nach der Hochzeit aus der Main Street verschwand, dachten wir alle, sie hätte sich's anders überlegt und die Flitterwochen würden ewig dauern. Erst beim Prozeß ham wir dann spitzgekriegt, daß Buster sie bloß als Punchingball benutzte und daß sie sich wegen den Folgen nich' mehr unter die Leute getraut hat.

Das ging so gut zwei, drei Jahre, bis es Dove nich' mehr aushielt. Eines Nachts kam Buster nach Hause und verprügelte sie wie üblich, riß ihr die Unterwäsche runter und erzählte ihr haarklein, was er jetzt mit ihr vorhätte. Dove sagte nichts, weil sie 'ne Überraschung für Buster parat hatte. Während er sein Hemd über den Kopf zog, langte sie unters Bett, wo sie seine Knarre gebunkert hatte, und tapezierte die Wand mit seinen grauen Zellen. Dann rief sie den Sheriff an, so cool, als ob sie 'ne Pizza mit Sardellen und Pilzen bestellen würde. Als die Hilfssheriffs antrabten, hatte sie R. J. an der Strippe und bat ihn, ihre Verteidigung zu übernehmen.

Nun wurmt R. J. aber nichts mehr, als wenn ein Mädel ausgenutzt wird, deswegen brauchte es nicht viel Überzeugungskraft, um ihn auf ihre Seite zu bringen. Dove war die bestaussehende Frau in Lincoln Falls, jedenfalls für die, die Wert drauf legen, daß Frauen hübsch und gebildet in einem sind. Die andere Bewerberin war Tess Finch, so 'n Rotschopf von der frechen Sorte, und dieser Typ hat auch was für sich.

Ohne Frage hatte Dove den meisten Zaster, zumindest wenn sie an das rankam, was ihr verstorbener Gatte ihr hinterlassen hatte. Bei all den Grobheiten, die sie von Buster eingesteckt hatte, da garantierte ihr R. J., daß er jedes Gericht im County dazu bringen würde, sie glatt freizusprechen. Als Dove sich ihm zusätzlich zum üblichen Honorar erkenntlich zeigen wollte, da empfand er das nich' als grausame oder unübliche Bestrafung. Er steckte den Wachen einfach zehn Dollar zu und sagte, sie sollten beide Augen zudrücken und ihnen nachts ein Sektfrühstück bringen. Aus den beiden wurden solche Turteltäubchen, daß sogar schon von Hochzeitsglocken und dem Trippeln kleiner Füßchen die Rede war. Aber R. J.s Tanzkarte war schon ganz voll, und er mußte sich mächtig übernehmen, um seine Dauerflammen nicht zu sehr zu enttäuschen.

Weil sie bei ihm meistens 'ne Gänsehaut kriegte, ist Dove ihrem verblichenen Gatten nie näher gekommen, als unbedingt nötig. Das heißt nicht, daß sie nicht versucht hat, das Versäumte mit R. J. nachzuholen.

Um die Zeit von Doves Prozeßtag rum hatte R. J. so mächtig abgebaut, daß ihn seine eigene Mutter nich' mehr erkannt hätte. Allerdings hatte er noch seine fünf Sinne beisammen. Da Buster bei den Femmes nich' grad beliebt war, packte R. J. gleich ein volles Dutzend davon in die Jury. Entscheidend dabei war für ihn nich' ihr sonniges Gemüt, sondern wie sie aussahen. Manche ham das fürn dicken Fehler gehalten, wenn man bedenkt, daß alle Mädels, mal abgesehen von Tess Finch als Nummer zwölf, auf Dove sauer waren, seit sie auf der Junior High-School drei Jahre hintereinander Ballkönigin geworden ist.

Ziemlich rasch kriegte R. J. noch 'n Problem mit der Jury. Und zwar, daß er dauernd Tess' rotes Haar angaffen mußte, sich andererseits aber auch nicht zu sehr an sie ranschmeißen durfte, weil das nämlich akkurat gegen die Gerichtsordnung gewesen wär' und Dove Parker zerspringen würde, wenn sie geahnt hätte, daß er mit seiner Zuneigung ziemlich freigiebig war. So wie Tess ihn anstarrte, war klar, daß es zwischen den beiden Mädels hart auf hart gehen würde, sobald Tess aus dem Schneider war. Aber weil R. J. in Gedanken woanders war, sammelte Staatsanwalt Riley mit jedem Zeugen Punkte, den er fragte, ob er seine Frau noch schlagen würde. Dove merkte, daß sie am meisten Chancen hatte, nicht in den Knast zu kommen, wenn sie ihre Geschichte genauso erzählte, wie sie war. Wenn das nicht hinhaute, dann konnte sie nur noch beten, daß es bei der Jury ein Unentschieden gab.

Weil R. J. all seinen Mädels gleichviel Zeit gewidmet hatte, war er mehrere Nächte nicht zu seinem Schönheitsschlaf gekommen, und die Folge davon war, daß er nich' länger als nötig rumstehen und Dove befragen wollte. Also fragte er sie bloß, ob Buster sie geprügelt hätte, schleppte sich zurück zur Verteidigerbank und legte den Kopf auf die Arme. Er war so fertig, daß er nich' hörte, wie der Staatsanwalt sich Dove vorknöpfte. Zuerst wollte Riley unbedingt wissen, was Buster gesagt hatte, daß sie ihm mit der Knarre einen Scheitel ziehen wollte.

Dove wirkte wie vor den Kopf geschlagen. Sie sagte zu Riley: »Was Gemeineres hab' ich in meinem Leben nie gehört. Ich bring's nich' über die Lippen, also fragen Sie mich bitte nich'.«

Riley ist nich' der Typ, der ein Nein als Antwort hinnimmt, wenn sich jemand mit einem Ja zwanzig Jahre einhandeln kann, und er machte Dove klar, daß sie keine Wahl hatte. Dove biß sich auf die Zunge und schüttelte weiter den Kopf. Das brachte niemanden weiter, bis sich Richter Walker einmischte und Dove fragte, ob's ihr was ausmachen würde, Busters Abschiedsworte aufzuschreiben. Dove wurde rot wie eine Tomate, fummelte aber mit einem Füller rum. Richter Walkers Birne wurde bald genauso rot wie ihre, weil Dove folgendes aufgeschrieben hatte: »Ich möchte dir die Augen aus dem Kopf ficken, Baby.«

Der Richter kriegte sich wieder ein und gab den Zettel Riley, der auch 'ne rote Visage bekam und ihn den Geschworenen weiterreichte. Die Mädels liefen verschieden stark rosa an, außer Tess Finch, deren Birne die gleiche Farbe hatte wie ihr Haar. Tess starrte aufs Papier, als wär' es voller Bazillen, und da sagte Walker, es wär' nur fair, wenn die Verteidigung auch mal 'nen Blick draufwerfen dürfe, und da sie nun mal am nächsten dran sei, soll sie doch den Postboten spielen.

R. J. kam grade vom Klo, wo er sich kaltes Wasser ins Gesicht gespritzt hatte, als Tess rübermarschierte, ihn in die Rippen knuffte und ihm den Zettel zusteckte. Als er sah, was draufstand, hätte er Tess am liebsten gezwickt, um sicherzugehen, daß er nicht träumte. Er fängt auf 'ne schräge Art an zu grinsen und hört erst damit auf, als Walker mit seinem Hammer auf den Tisch donnert und sagt: »Junger Mann, ich hätte gern diesen Zettel zurück, wenn Sie nichts dagegen haben.«

Ich brauch' Ihnen ja nich' zu sagen, daß R. J. keiner ist, der eine

Dame kompromittieren würde, und da er keine Ahnung hatte, daß der Zettel ein Beweisstück war, dachte er, er könne Walker vielleicht hinhalten und Tess eine Menge Peinlichkeiten ersparen. »Welchen Zettel, Euer Ehren?« fragt er.

»Na ja, den, den die Geschworene Nummer zwölf Ihnen gerade gegeben hat«, sagt Walker.

»Da müssen Sie jemand anderes meinen. Ich hab' keinen Zettel gekriegt.«

Walker nahm seine Brille ab und putzte sie an seiner Robe, um besser sehen zu können. »Wenn Sie ihn nicht rausrücken, wird das ein ergebnisloser Prozeß, und Sie werden wegen Mißachtung des Gerichts verurteilt, und damit geht der Ärger erst los, den Sie mit mir kriegen werden.«

»Bedauere, Euer Ehren«, sagte R. J., »aber ich hab' von der Geschworenen Nummer zwölf gar nichts gekriegt.«

Walker sagt dem Gerichtsdiener: »Officer, ich möchte, daß Sie dem Verteidiger das Beweisstück abnehmen, wenn nötig, mit Gewalt.«

R. J. schaute rüber zu Tess, als wüßte er nich', was er tun soll, aber als er ihre feuerrote Birne sah, war seine Entscheidung schon gefallen. Als der Gerichtsdiener auf ihn zukam, steckte sich R. J. plötzlich den Zettel in den Mund und würgte ihn ohne einen Schluck zum Nachspülen runter. Und dann hat Walker ... aber, hey, da kommt ja R. J. Sie sind das erste Mädchen, das er seit neunzig Tagen zu sehen kriegt. Wenn er Ihnen irgendwie Schwierigkeiten macht, schreien Sie einfach nach der Wache. Er weiß nich', daß Sie hier sind, um ihn rauszuholen.

A Perfect Gentleman © 1987 by Joseph Koenig

DIE WEISSE KATZE

Joyce Carol Oates

Die Amerikanerin Joyce Carol Oates, bekannt als Autorin literarischer, psychologisch feinsinniger Romane und Erzählungen, die bereits in .38 SPECIAL No. 3 ihre Meisterschaft als Kriminalschriftstellerin bewiesen hat, dokumentiert auch in der folgenden Story ihr hervorragendes Gespür für menschliche Zwangssituationen und die daraus resultierenden Verhaltensweisen. Joyce Carol Oates ist Professorin für englische Literatur an der Universität von Windsor in Kanada. Ihr zuletzt in Deutschland erschienenes Buch ist der vielgelobte Essay Über Boxen.

 Es war einmal ein finanziell unabhängiger Gentleman, der mit ungefähr fünfundfünfzig Jahren einen leidenschaftlichen Haß auf die weiße Perserkatze seiner viel jüngeren Frau entwickelte.

In seinem Haß auf die Katze lag um so mehr Ironie und Rätselhaftigkeit, da er selbst dieses Tier als junges Kätzchen seiner Frau vor Jahren, kurz nach ihrer Heirat, geschenkt hatte. Und er selbst hatte es Miranda getauft – nach seiner liebsten Shakespeare-Heldin.

Die Ironie lag auch darin, daß man ihn kaum als einen Mann bezeichnen konnte, der irrationalen Gefühlsschwankungen unterworfen war. Außer seiner Frau (die er spät geheiratet hatte – seine erste Ehe, ihre zweite) gab es niemanden, den er besonders liebte und den zu hassen er für würdig befunden hätte. Denn wen hätte er so ernst nehmen sollen? Die Tatsache, daß er ein Gentleman in finanziell unabhängigen Verhältnissen war, erlaubte ihm auch jene Freiheit des Geistes, die dem Großteil der Menschen unbekannt ist.

Julius Muir war schlank, hatte tiefliegende, melancholische Augen von unbestimmbarer Farbe, schütter werdendes, ergrauendes, babyfeines Haar und ein schmales, zerfurchtes Gesicht, das einmal jemand *wie aus Stein gemeißelt* genannt hatte, ohne ihm auf primitive Art bloß schmeicheln zu wollen. Aus einer alten amerikanischen Familie stammend, war er für keinen der modischen Identitätskämpfe und -schwankungen anfällig: Er wußte, wer er war, wer seine Vorfahren waren und hielt das Thema für nicht besonders interessant. Seine Studien in Amerika und im Ausland hatte er mehr mit dem Vergnügen eines Dilettanten als mit dem eines Studenten absolviert, aber er verspürte nicht den Wunsch, viel Aufhebens darum zu machen. Schließlich ist für einen Mann das Leben immer noch das wichtigste Studium.

Mr. Muir, der mehrere Sprachen fließend beherrschte, hatte die Angewohnheit, seine Worte mit übertriebener Sorgfalt zu formulieren, als übersetze er sie in normalen Dialekt. Sein Auftreten war von einer bedächtigen Befangenheit, die nichts von Eitelkeit oder Stolz an sich hatte, doch auch nicht von einer unbegründeten Demut zeugte. Er war Sammler (vorwiegend seltener Bücher und Münzen), aber ganz gewiß kein besessener Sammler; den Fanatismus einiger seiner Mitmenschen betrachtete er mit nachdenklicher Verachtung. Deshalb überraschte ihn sein ziemlich rasch aufkeimender Haß auf die schöne weiße Katze seiner Frau, und eine Zeitlang amüsierte er ihn sogar. Oder machte er ihm angst? Fest stand jedenfalls, daß er nichts damit anfangen konnte!

Die Animosität begann als eine harmlose Form häuslichen Ärgers, als unterschwelliges Gefühl, daß er, den die Öffentlichkeit so sehr respektierte – der so sehr als der vornehme, bedeutende Mann geachtet wurde, der er ganz gewiß war –, dieselbe Behandlung auch zu Hause verdiente. Nicht, daß ihm naiverweise die Tatsache unbekannt gewesen wäre, daß Katzen ihre Vorlieben auf eine Art kundtun, die des von Menschen entwickelten Feingefühls und Takts entbehrt. Als die Katze jedoch älter und verwöhnter und immer wählerischer wurde, wurde offenkundig, daß ihre Zuneigung nicht *ihm* galt. Alissa mochte sie am liebsten, natürlich; dann noch den einen oder anderen Dienstboten; doch war es für einen Fremden, der die Muirs zum erstenmal besuchte, nichts Ungewöhnliches, Mirandas kapriziöses Herz tatsächlich oder scheinbar zu gewinnen. »Miranda! Komm her!« konnte Mr. Muir rufen – durchaus freundlich und doch mit Nachdruck, wobei er das Tier tatsächlich mit einer albernen Art von Ehrerbietung behandelte –, aber in solchen Augenblicken war es wahrscheinlich, daß ihn Miranda, ohne zu blinzeln, mit gleichgültigem Blick betrachtete und keine Bewegung in seine Richtung machte. Was für ein Dummkopf, schien sie zu sagen, sich um jemanden zu bemühen, der sich so wenig aus ihm macht!

Wenn er sie auf den Arm zu nehmen versuchte – wenn er sie spielerisch zu bändigen versuchte –, dann strampelte sie, um herunterzukommen, nach Katzenart so heftig, als habe ein Fremder sie gepackt. Einmal, als sie sich aus seinem Griff wand, kratzte sie ihm aus Versehen den Handrücken blutig, so daß der Ärmel seiner Smokingjacke einen schwachen Flecken bekam. »Julius, Lieber, bist du verletzt?« fragte Alissa. »Nicht die Spur«, erwiderte Mr. Muir und betupfte die Kratzer mit einem Taschentuch. »Ich glaube, Miranda macht die Gesellschaft nervös«, sagte Alissa. »Du weißt doch, wie sensibel sie ist.« »Das weiß ich allerdings«, antwortete Mr. Muir sanft und zwinkerte ihren Gästen zu. In seinem Kopf jedoch hämmerte es wild, und er dachte, daß er die Katze gern mit bloßen Händen erwürgen würde – hätte er zu den Männern gehört, die einer solchen Tat fähig sind.

Noch ärgerlicher war die immer gleichbleibende Aversion der Katze ihm gegenüber. Wenn er und Alissa abends beieinandersaßen und lasen, jeder auf seinem Sofaende, pflegte Miranda oft unaufgefordert in Alissas Schoß zu springen – jedoch mäkelig zurückzuzucken, wenn Mr. Muir sie auch nur berührte. Er spielte den Gekränkten. Er spielte den Amüsierten. »Ich fürchte, Miranda mag mich nicht mehr«, sagte er traurig. (Obwohl er sich in Wahrheit nicht mehr daran erinnern konnte, ob ihn das Tier überhaupt jemals gemocht hatte. Vielleicht als junges Kätzchen, als sie ihre Zuneigung noch wahllos jedem schenkte?) Alissa lachte und sagte entschuldigend: »Natürlich mag sie dich, Julius«, als die Katze laut und genüßlich auf ihrem Schoß schnurrte. »Aber – du weißt ja, wie Katzen sind.«

»In der Tat, ich lerne es allmählich«, sagte Mr. Muir mit einem starren kleinen Lächeln.

Und er spürte wirklich, daß er allmählich etwas lernte – etwas, das er nicht benennen konnte.

Was ihm zum erstenmal den Gedanken eingab – die Laune eigentlich –, Miranda zu töten, hätte er nachher nicht zu sagen vermocht. Eines Tages, als er zusah, wie sie sich an den Knöcheln eines mit seiner Frau befreundeten Regisseurs rieb, und ihm dabei auffiel, wie wollüstig sie sich einem kleinen Kreis bewundernder Gäste präsentierte (selbst Leute mit einer allgemeinen Katzenaversion konnten nicht umhin, bei Mirandas Anblick spitze Entzückensschreie auszustoßen, sie zu streicheln, hinter den Ohren zu kraulen, wie Schwachsinnige herumzugurren), ertappte sich Mr. Muir bei dem Gedanken, er könne in Anbetracht der Tatsache, daß er die Katze aus eigenem Entschluß in seinen Haushalt gebracht und ziemlich viel Geld für sie bezahlt hatte, über sie verfügen, wie er wollte. Es stimmte, daß die reinrassige Perserkatze eines der kostbarsten Besitztümer des Haushalts war – eines Haushalts, in dem Besitztümer nicht beiläufig oder mühelos erworben wurden –, und es stimmte, daß Alissa sie innig liebte. Aber letztlich gehörte sie Mr. Muir. Und er allein hatte die Macht, darüber zu entscheiden, ob sie lebte oder starb, war es nicht so?

»Was für ein schönes Tier! Ist es ein Männchen oder ein Weibchen?«

Mr. Muir wurde von einem seiner Gäste angesprochen (eigentlich einem von Alissas Gästen; denn seit sie ihre Theaterkarriere wieder aufgenommen hatte, hatte sie einen neuen, großen, ziemlich bunt zusammengewürfelten Bekanntenkreis), und einen Moment lang fiel ihm keine Antwort ein. Die Frage setzte sich tief in ihm fest, als handle es sich um ein Rätsel: *Ist es ein Männchen oder ein Weibchen?*

»Ein Weibchen natürlich«, sagte Mr. Muir freundlich. »Schließlich heißt sie Miranda.«

Er überlegte: Sollte er warten, bis Alissa mit den Proben zu ihrem neuen Theaterstück begann – oder sollte er rasch handeln, bevor seine Entschlußkraft nachließ? (Alissa, eine zweitrangige, aber geschätzte Schauspielerin, sollte Ersatz für die weibliche Hauptdarstellerin in einem Broadway-Stück sein, das im September begann). Und wie sollte er es tun? Er konnte die Katze nicht erdrosseln – konnte sich weder überwinden, mit solch direkter und unverhüllter Brutalität vorzugehen –, noch war es wahrscheinlich, daß er sie wie durch Zufall mit dem Auto überfuhr. (Obwohl *das* nun wirklich ein Zufall gewesen wäre.) An einem Hochsommerabend, als die schlaue Schmeichlerin Miranda unbemerkt auf den Schoß von Alissas neuem Freund Alban schlüpfte (Schauspieler, Autor, Regisseur; er war offensichtlich reich mit Talenten gesegnet) kam die Unterhaltung auf bekannte Mordfälle – Giftmorde –, und Mr. Muir dachte einfach: *natürlich, Gift.*

Am nächsten Morgen durchstöberte er den Gärtnerschuppen und fand die Überreste eines Fünf-Kilo-Sacks körnigen weißen »Nager«-Gifts. Im vorigen Herbst hatten sie eine regelrechte Mäuseplage gehabt, und ihr Gärtner hatte im Dachboden und im Keller Giftfallen aufgestellt. (Mit ausgezeichneten Resultaten, wie Mr. Muir sich einbildete. Jedenfalls waren die Mäuse zweifellos verschwunden.) Das Raffinierte an dem Gift war, daß es extrem durstig machte – so daß das vergiftete Tier, nachdem es den Köder verschlungen hatte, den Drang verspürte, Wasser zu suchen, das Haus verließ und draußen verendete. Ob das Gift einen »gnädigen« Tod schenkte oder nicht, wußte Mr. Muir nicht.

Er konnte den freien Sonntagabend der Dienstboten ausnutzen – denn wie sich herausstellte, verbrachte Alissa, obwohl die Proben für das Stück noch nicht begonnen hatten, einige Tage in der Stadt. So fütterte also Mr. Muir selbst Miranda in der Küchenecke, wo sie auch sonst immer fraß – nachdem er einen gehäuften Teelöffel des Gifts in ihr normales Fressen gemischt hatte. (Wie verwöhnt das Tier war! Miranda war von Anfang an, schon als kleines Kätzchen, mit einer speziellen protein- und vitaminreichen Katzennahrung gefüttert worden, die mit gehackter roher Leber, Hühnerklein und weiß Gott was noch allem ergänzt wurde. Wie Mr. Muir reuevoll gestehen mußte, hatte er selbst seine Hand dabei im Spiel gehabt, daß sie so verwöhnt wurde.)

Miranda fraß mit der üblichen genießerischen Gier, wobei sie sich der Gegenwart ihres Herrchens nicht im mindesten bewußt war noch sich dankbar dafür zeigte. Er hätte einer der Bediensteten sein können; er hätte gar niemand sein können. Falls ihr irgend etwas Ungewöhnliches auffiel – zum Beispiel die Tatsache, daß man ihre Wasserschüssel entfernt und nicht mehr zurückgestellt hatte –, ließ sie sich wie eine wahre Dame nichts anmerken. Hatte es in seinem Bekanntenkreis jemals ein Wesen gegeben, menschlich oder nicht, das so außerordentlich selbstzufrieden war wie diese weiße Perserkatze?

Mr. Muir sah zu, wie Miranda sich systematisch vergiftete, und er tat es nicht freudig, wie er es eigentlich erwartet hatte, nicht einmal mit einem Gefühl der Befriedigung darüber, daß ein Unrecht wiedergutgemacht, Gerechtigkeit (wenn auch auf problematische Weise) erzwungen wurde – sondern mit tiefem Bedauern. Daß das verzogene Tier den Tod verdiente, stand für ihn außer Zweifel; denn welch unermeßliche Grausamkeiten fügte schließlich eine Katze während ihres Lebens Vögeln, Mäusen oder Kaninchen zu! Aber es stimmte ihn melancholisch, daß *er*, Julius Muir – der soviel für sie bezahlt hatte und in der Tat ebenfalls stolz auf sie gewesen war –, sich gezwungenermaßen in der Rolle des Henkers befinden sollte. Aber es war etwas, das getan werden mußte, und wenngleich er vielleicht vergessen hatte, warum, so wußte er doch, daß er und nur er allein dafür bestimmt war, es zu tun.

Neulich waren abends ein paar Gäste zum Dinner gekommen, und als sie auf der Terrasse saßen, sprang Miranda weiß aus dem Nichts und strich an der Gartenmauer entlang – den federartigen Schwanz hochaufgerichtet, die seidige Halskrause wehte um ihren hochgereckten Kopf, die Goldaugen leuchtend – ganz wie auf Stichwort, wie Alissa sagte: »Das ist Miranda, die euch guten Tag sagen möchte! *Ist* sie nicht wunderschön?« rief Alissa glücklich aus. (Denn sie schien nie müde zu werden, auf die Schönheit ihrer Katze hinzuweisen – eine harmlose Form von Narzißmus, wie Mr. Muir vermutete.) Es folgten die üblichen Loblieder oder Schmeicheleien; die Katze putzte sich – wobei sie sich der Tatsache, Mittelpunkt der allgemeinen Aufmerksamkeit zu sein, voll bewußt war –, sprang dann mit ungestümer Grazie davon und verschwand die steilen Steinstufen zum Flußufer hinunter. Mr. Muir glaubte damals zu verstehen, warum Miranda als Phänomen so unheimlich *interessant* war: Sie repräsentierte eine sowohl zweck-lose als auch notwendige Schönheit; eine Schönheit, die (wenn man Mirandas Stammbaum bedachte) ganz und gar auf einem Kunstgriff beruhte und doch (wenn man bedachte, daß man tatsächlich ein Wesen aus Fleisch und Blut vor sich hatte) vollkommen natürlich war: Natur.

War die Natur jedoch immer und ausnahmslos – *natürlich*?

Als die weiße Katze nun ihre Mahlzeit beendet hatte (wie üblich ließ sie ein gutes Viertel davon übrig), sagte Mr. Muir laut, in einem Ton, in dem sich unendliche Reue und Befriedigung mischten: »Aber deine Schönheit wird dich nicht retten.«

Die Katze hielt inne, um ohne zu blinzeln gelangweilt zu ihm aufzuschauen. Er erschrak einen Moment lang: Wußte sie es? Wußte sie es – schon? Er hatte den Eindruck, sie habe noch nie so herrlich ausgesehen: das Fell von so reinem, seidigem Weiß; flauschige Halskrause, als sei sie gerade erst gebürstet worden; das verdrießliche Mopsgesicht; lange, steife Schnurrhaare; fein geformte Ohren, die so intelligent aufgerichtet waren; und, natürlich, die Augen ...

Mirandas Augen, die eine goldene Färbung besaßen, hatten ihn schon immer fasziniert, weil sie die geheimnisvolle Fähigkeit hatten, wie absichtlich aufzuflackern. Wenn man sie in der Nacht sah, leuchteten sie natürlich – durch die Reflektion des Monds oder durch die Scheinwerfer des nach Hause kommenden Wagens der Muirs – wie kleine Strahlen. »Was meinst du, ist das Miranda?« fragte dann Alissa, wenn sie in dem hohen Gras, das die Straße säumte, die beiden Lichtblitze bemerkte. »Möglich«, antwortete Mr. Muir. »Ach, sie wartet auf uns! Ist das nicht süß? Sie wartet, bis wir nach Hause kommen!« rief Alissa dann aufgeregt wie ein Kind. Mr. Muir – der bezweifelte, daß die Katze ihre Abwesenheit überhaupt bemerkt hatte, geschweige denn, daß sie jetzt ungeduldig auf ihre Rückkehr wartete – erwiderte nichts.

Noch etwas war Mr. Muir an den Augen der Katze immer irgendwie pervers vorgekommen, nämlich die Tatsache, daß, während der menschliche Augapfel gleichmäßig weiß und die Iris getönt ist, der Augapfel einer Katze getönt und die Iris völlig schwarz ist. Grün, gelb, grau, sogar blau – der ganze Augapfel! Und die Iris reagierte so magisch auf verschiedene Helligkeits- oder Erregungsgrade, verengte sich zu rasierklingendünnen Schlitzen, dehnte sich schwarz aus, um fast das ganze Auge auszufüllen ... Als sie jetzt zu ihm hinaufstarrte, waren ihre Augen so geweitet, daß sie fast dunkel wurden.

»Nein, die Schönheit rettet dich nicht. Das ist nicht genug«, sagte Mr. Muir leise. Mit zitternden Fingern öffnete er die Gittertür, um die Katze in die Nacht hinauszulassen. Als sie an ihm vorbeilief – wirklich, ein perverses Tier! –, rieb sie sich leicht an seinem Bein, was sie viele Monate lang nicht mehr getan hatte. Oder waren es Jahre?

Alissa war zwanzig Jahre jünger als Mr. Muir, wirkte aber sogar noch jünger: eine zierliche Frau mit sehr großen, sehr hübschen braunen Augen; schulterlangem blondem Haar; der beschwingten, wenn auch manchmal ziemlich stürmischen Art einer gutausgebildeten Naiven. Sie war eine mittelmäßige Schauspielerin mit mittelmäßigen Ambitionen – wie sie offen bekannte –, denn schließlich bedeutet ernsthaftes Berufsschauspielertum grausam harte Arbeit, selbst wenn man es irgendwie schaffte, den Konkurrenzkampf durchzustehen. »Und dann kümmert sich natürlich Julius so gut um mich«, pflegte sie zu sagen und ihn unterzuhaken oder ihren Kopf einen Moment an seine Schulter zu lehnen. »Ich habe alles, was ich will, wirklich, direkt hier...«, womit sie das Landhaus meinte, das ihr Mr. Muir zur Hochzeit gekauft hatte. (Natürlich besaßen sie auch noch eine Wohnung in Manhattan, zwei Stunden südlich. Aber Mr. Muir mochte die Stadt allmählich nicht mehr – sie scheuerte seine Nerven wund wie Katzenkrallen, die über einen Wandschirm kratzen – und fuhr nur noch selten hin. Unter ihrem Mädchennamen Howth war Alissa vor ihrer Heirat mit Mr. Muir acht Jahre lang mit Unterbrechungen berufstätig gewesen; ihre erste Ehe – die sie im Alter von neunzehn Jahren mit einem berühmten (und berüchtigten) Hollywood-Schauspieler geschlossen hatte, der inzwischen gestorben war – war eine Katastrophe gewesen, über die sie sich nicht gern bis ins letzte Detail ausließ. (Und Mr. Muir fragte sie nicht gern über diese Jahre aus. Es war, als hätten sie, für ihn, nicht existiert.)

Zum Zeitpunkt ihrer Begegnung hatte sich Alissa vorübergehend von ihrer Karriere zurückgezogen, wie sie es nannte. Sie hatte einen kleinen Erfolg am Broadway gehabt, der aber nicht lange anhielt. Und lohnte es sich denn wirklich weiterzumachen, es weiter zu versuchen? Saison um Saison die zermürbende Vorsprechrunde, der Konkurrenzkampf mit neuen Gesichtern, »vielversprechenden« neuen Talenten...

Ihre erste Ehe hatte schlimm geendet, und eine Reihe von Liebesaffären unterschiedlicher Bedeutung war gefolgt (wie viele genau, erfuhr Mr. Muir nie), und jetzt war es vielleicht an der Zeit, sich ins Privatleben zurückzuziehen. Und da war Julius Muir: nicht mehr jung, nicht besonders charmant, aber wohlhabend, gebildet, ganz verrückt nach ihr und – *da*.

Natürlich war Mr. Muir von ihr geblendet, und er hatte sowohl die Zeit als auch die Mittel, sie beharrlicher zu umwerben, als irgendein Mann sie je umworben hatte. Er schien Qualitäten an ihr zu bemerken, die sonst niemand bemerkte. Für einen so zurückhaltenden und beherrschten Mann besaß er eine reiche Fantasie, lebhaft bis zur Erregung, ungeheuer schmeichelhaft. Und es machte ihm nichts aus, wie er übertrieben oft beteuerte, daß er sie mehr liebte als sie ihn – selbst wenn Alissa protestierte, sie *liebe* ihn ja – hätte sie denn sonst in die Heirat eingewilligt?

Ein paar Jahre lang sprachen sie vage davon, »eine Familie zu gründen«, aber es wurde nichts daraus. Alissa war entweder zu beschäftigt oder nicht bei bester Gesundheit; oder sie reisten; oder Mr. Muir fürchtete sich vor den unbekannten Auswirkungen, die ein Kind auf ihre Ehe haben konnte. (Dann würde Alissa doch sicherlich weniger Zeit für ihn haben?) Im Lauf der Zeit quälte ihn dann der Gedanke, daß er keinen Erben haben würde, wenn er starb – das heißt, kein eigenes Kind –, aber es war nicht zu ändern.

Sie führten ein reges gesellschaftliches Leben; sie waren wunderbar *aktive* Leute. Und schließlich hatten sie ja ihre prächtige weiße Perserkatze. »Es wäre ein traumatisches Erlebnis für Miranda, wenn ein Baby im Haus wäre«, meinte Alissa. »Das könnten wir ihr wirklich nicht antun.«

»Nein, wirklich nicht«, stimmte Mr. Muir zu.

Und dann entschloß sich Alissa plötzlich, zur Schauspielerei zurückzukehren. Zu ihrer »Karriere«, wie sie es feierlich nannte – als sei es ein Phänomen, das mit ihr nichts zu tun hatte, eine Kraft, der man nicht widerstehen konnte. Und Mr. Muir freute sich für sie – freute sich sehr für sie. Es machte ihn stolz, daß seine Frau Berufsschauspielerin war, und er war überhaupt nicht eifersüchtig auf ihren immer größer werdenden Kreis von Freunden, Bekannten, Kollegen. Er empfand weder Eifersucht auf ihre Schauspielerkollegen und -kolleginnen – Rikka, Mario, Robin, Sibyl, Emile, immer wieder jemand anderes – und jetzt Alban mit den feuchten, dunkel glänzenden Augen und dem reizenden, raschen Lächeln; noch war er eifersüchtig auf die Zeit, die sie von zu Hause weg war, oder auf die Zeit, die sie, daheim, zurückgezogen in dem Raum verbrachte, den sie ihr Studio nannte, tief in ihre Arbeit versunken. In ihrer reifsten Zeit hatte sich Alissa Howth eine robuste Art von Gutmütigkeit erworben, die ihre Chancen auf der Bühne sogar noch vermehrte, weil sie sie für bestimmte Rollen prädestinierte – die Rollen, die unvermeidlicherweise in jedem Fall älteren Schauspielerinnen übertragen werden, ungeachtet ihrer körperlichen Schönheit. Und sie war eine viel bessere, viel subtilere Schauspielerin geworden – wie alle sagten.

Mr. Muir war tatsächlich stolz auf sie, und er freute sich für sie. Und wenn er hin und wieder einen leichten Groll verspürte – oder wenn nicht Groll, dann zumindest einen Anflug von Bedauern darüber, daß aus ihrem Leben zwei verschiedene Leben geworden waren –, war er zu sehr Gentleman, um sich das anmerken zu lassen.

»Wo ist Miranda? Hast du Miranda heute schon gesehen?« Es war Mittag, es war vier Uhr, es war fast Abend, und Miranda war noch nicht zurückgekehrt. Den größten Teil des Tages war Alissa mit Telefonaten beschäftigt gewesen – das Telefon schien andauernd zu läuten –, und die überlange Abwesenheit der Katze war ihr erst allmählich bewußt geworden. Sie ging hinaus, um sie zu rufen. Sie schickte die Bediensteten hinaus, um sie zu suchen. Und Mr. Muir half natürlich mit, wanderte über das Grundstück und ein Stück in den Wald hinein und rief, die Hände trichterförmig an den Mund gelegt, mit hoher zitternder Stimme: »*Mieze-Mieze-Mieze! Mieze-Mieze-Mieze!*«-Wie rührend komisch, wie lächerlich – wie nutzlos!

Aber es mußte getan werden, weil es das war, was auch im Fall seiner Unschuld getan worden wäre. Julius Muir, dieser fürsorglichste aller Ehegatten, stapfte durchs Unterholz und suchte die Perserkatze seiner Frau ...

Arme Alissa! dachte er. Sie wird tagelang untröstlich sein – oder wochenlang?

Und auch er würde Miranda vermissen – zumindest als Wesen, das lange im Haushalt gelebt hatte. Im Herbst wäre sie immerhin zehn Jahre bei ihnen gewesen.

Das Dinner verlief an diesem Abend in gedämpfter Stimmung, ziemlich bleiern. Nicht nur, weil Miranda fehlte (und Alissa maßlos und ehrlich bekümmert wirkte), sondern weil Mr. Muir und seine Frau alleine aßen; mit dem Tisch, der für zwei Personen gedeckt war, schien beinahe vom Ästhetischen her etwas nicht zu stimmen. Und diese unnatürliche Ruhe ... Mr. Muir versuchte Konversation zu machen, aber seine Stimme verlor sich schon bald in ein schuldbewußtes Schweigen. Während des Essens erhob sich Alissa, um ein Telefongespräch entgegenzunehmen (aus Manhattan natürlich – ihr Agent, oder ihr Regisseur oder Alban oder eine Freundin – ein dringender Anruf, denn sonst nahm Mrs. Muir während dieser intimen Stunde keine Anrufe entgegen), und Mr. Muir – niedergeschlagen, verletzt – beendete sein einsames Mahl in einer Art Trance, ohne etwas zu schmecken. Er rief sich den Abend zuvor ins Gedächtnis zurück – das ätzend riechende Katzenfutter, das körnige weiße Gift, die Art und Weise, wie das kluge Tier zu ihm aufgeschaut hatte und wie es sich an seinem Bein gerieben hatte, in einer verspäteten Geste von ... war es Zärtlichkeit? Vorwurf? Hohn?

Erneut verspürte er ein stechendes Schuldgefühl und in den Eingeweiden ein noch stechenderes Gefühl der Befriedigung. Dann, als er kurz aufblickte, sah er zufällig etwas Weißes, das vorsichtig auf der Gartenmauer entlangbalancierte. Natürlich war es Miranda, die nach Hause kam.

Er starrte hin, entsetzt. Er starrte hin, sprachlos – und wartete darauf, daß die Erscheinung verschwand.

Langsam, benommen stand er auf. Mit einer Stimme, die jubelnd klingen sollte, rief er Alissa die Nachricht in den angrenzenden Raum hinüber: »Alissa! Darling! Miranda ist heimgekommen!«

Und da war Miranda wahrhaftig; es war wahrhaftig Miranda, die von der Terrasse her ins Eßzimmer spähte, mit golden glühenden Augen. Mr. Muir zitterte, aber sein Hirn arbeitete rasch, um die Tatsache zu verdauen und eine logische Erklärung zu finden. Sie hatte das Gift erbrochen, dachte er, kein Zweifel. Ah, kein Zweifel! Oder das Gift hatte nach einem langen feuchten Winter im Gärtnerschuppen seine Wirksamkeit verloren.

Er mußte sich jetzt zusammenreißen, um aufzuspringen, die Schiebetür zu öffnen und die weiße Katze hereinzulassen, aber seine Stimme zitterte ziemlich aufgeregt: »Alissa! Gute Neuigkeiten! Miranda ist heimgekommen!«

Alissas Freude war so ungeheuerlich und seine eigene anfängliche Erleichterung so aufrichtig, daß Mr. Muir – der Mirandas federartigen Schwanz streichelte, während Alissa die Katze überschwenglich in ihren Armen drückte – dachte, er habe grausam und selbstsüchtig gehandelt – die Tat paßte eindeutig nicht zu ihm – und den Entschluß faßte, es solle Miranda, nachdem sie dem Tod durch die Hand ihres Herrchens entronnen war, vergönnt sein zu leben. Er würde es *kein* zweites Mal versuchen.

Bevor er mit sechsundvierzig Jahren heiratete, hatte Julius Muir, der denselben Charakter wie die meisten nie verheirateten Männer und Frauen besaß – introvertiert, gehemmt; mehr Beobachter des Lebens als Teilnehmer –, geglaubt, daß der Ehestand vorbehaltlos *ehelich* sei; er hatte gemeint, daß Mann und Frau ein Fleisch seien, über den metaphorischen Sinn dieses Ausdrucks hinaus. Aber dann geschah es, daß seine eigene Ehe fraglos eine reduzierte Form der Ehe darstellte. Die ehelichen Beziehungen waren beinahe eingeschlafen, und es schien wenig wahrscheinlich, daß sie wiederaufleben würden. Schließlich stand sein siebenundfünfzigster Geburtstag unmittelbar bevor. (Obwohl er sich manchmal fragte: War das wirklich *schon alt?*)

Während der ersten zwei oder drei Ehejahre (als Alissas Theaterkarriere im Sinken war, wie sie es nannte) hatten sie sich ein Doppelbett geteilt, wie jedes verheiratete Paar – das nahm Mr. Muir zumindest an. (Denn seine eigene Ehe hatte ihn nicht darüber aufgeklärt, was »Ehe« in einem generellen Sinn bedeutete.) Im Lauf der Zeit begann sich Alissa jedoch sanft darüber zu beklagen, daß sie Mr. Muirs nächtlicher »Unruhe« wegen nicht schlafen konnte – Zusammenzucken, Strampeln, Um-sich-Schlagen, Ausrufe, manchmal sogar Schreckensschreie. Wenn sie ihn weckte, wußte er meistens ein zwei Sekunden lang nicht, wo er war; dann bat er sie überschwenglich und beschämt um Verzeihung und verkroch sich, wenn er konnte, für den Rest der Nacht in ein anderes Schlafzimmer. Obwohl ihn die Situation traurig machte, war Mr. Muir voller Mitgefühl für Alissa; er hatte sogar Grund zu glauben, daß die arme Frau (deren Nerven ungewöhnlich empfindlich waren) durch seine Schuld viele schlaflose Nächte durchlitten hatte, ohne etwas zu sagen. Es war typisch für sie, daß sie so rücksichtsvoll war; daß sie einen anderen Menschen so ungern verletzte.

In der Folge entwickelte sich daraus die gemütliche Gewohnheit, daß Mr. Muir ungefähr eine halbe Stunde bei Alissa blieb, wenn sie sich abends hinlegten; und dann schlich er vorsichtig, um sie nicht zu stören, auf Zehenspitzen in ein anderes Zimmer, wo er ungestört schlafen konnte. (Wenn ihm seine gelegentlichen Alpträume überhaupt ungestörten Schlaf erlaubten. Allerdings glaubte er, daß die schlimmsten gerade diejenigen waren, die ihn nicht weckten.)

Aber es hatte sich in den letzten Jahren noch eine weitere Konsequenz ergeben: Alissa hatte es sich angewöhnt, lange wach zu bleiben – im Bett zu lesen, fernzusehen oder sogar von Zeit zu Zeit am Telefon zu plaudern –, und so war es für Mr. Muir am praktischsten, ihr einen Gutenachtkuß zu geben, ohne sich neben sie zu legen, und dann gleich in sein eigenes Schlafzimmer zu gehen. Manchmal bildete er sich im Schlaf ein, Alissa rufe ihn zurück – dann eilte er nach dem Erwachen in den dunklen Korridor und stand ein oder zwei Minuten an ihrer Tür, gespannt und hoffnungsvoll. In solchen Augenblicken wagte er nicht, seine Stimme über ein Flüstern hinaus zu erheben: »Alissa? Alissa, Liebste? Hast du nach mir gerufen?«

Ebenso unvorhersehbar und launenhaft wie Mr. Muirs schlimme Träume waren die Nachtgewohnheiten Mirandas, die sich zuzeiten gemütlich am Fußende von Alissas Bett zusammenrollte und friedlich bis zum Morgengrauen schlief, zu anderen Zeiten aber darauf bestand, hinausgelassen zu werden, egal, ob Alissa es schrecklich gern gehabt hätte, daß sie auf dem Bett schlief. Es bedeutete einen gewissen Trost – einen kindischen Trost, wie Alissa einräumte – zu wissen, daß die weiße Perserkatze die Nacht über da war, und an den Füßen das warme, feste Gewicht auf dem Satin-Bettüberwurf zu spüren.

Aber natürlich konnte man eine Katze, wie Alissa zugab, nicht zwingen, irgend etwas gegen ihren Willen zu tun. »Es scheint fast ein Naturgesetz zu sein«, sagte sie ernst.

Einige Tage nach dem mißlungenen Giftmord fuhr Mr. Muir in der frühen Abenddämmerung nach Hause, als er, vielleicht anderthalb Kilometer von seinem Grundstück entfernt, vor sich auf der Straße die weiße Katze erblickte – reglos auf der anderen Fahrspur, als hätten die Scheinwerfer des Wagens sie erstarren lassen. Ohne es zu wollen, kam ihm der Gedanke: *Das tue ich bloß, um sie zu erschrecken* – und er drehte das Lenkrad und steuerte auf sie zu. Die goldenen Augen flakkerten in blanker Überraschung auf – vielleicht war es auch Schrecken oder ein Wiedererkennen. *Das ist nur, um das Gleichgewicht wiederherzustellen*, dachte Mr. Muir, als er härter aufs Gaspedal trat und direkt auf die weiße Perserkatze zufuhr – und sie, gerade als sie in den Graben springen wollte, mit dem linken Vorderrad erwischte. Man hörte einen dumpfen Schlag und den jaulenden, ungläubigen Schrei einer Katze – und es war vollbracht.

Mein Gott! Es *war* vollbracht!

Zitternd und mit trockenem Mund sah Mr. Muir in seinem Rückspiegel die verletzte weiße Gestalt auf der Straße; sah, wie sich um sie herum eine karminrote Lache bildete. Er hatte Miranda nicht töten wollen, und doch hatte er es diesmal wirklich getan – ohne Vorsatz und deshalb ohne Schuld.

Und jetzt war die Tat auf immer vollbracht.

»Und keine noch so große Reue kann es ungeschehen machen«, sagte er mit langsamer, erstaunter Stimme.

Mr. Muir war ins Dorf gefahren, um in der Apotheke ein Rezept für Alissa einzulösen – sie war wegen des Theaters in der Stadt gewesen; war spät abends in einem überfüllten Vorortzug zurückgekommen und hatte sich sofort mit drohender Migräne hingelegt. Jetzt kam er sich ziemlich heuchlerisch vor, wie ein Rohling, der seiner Frau mit dem schuldbeladenen Wissen Kopfschmerztabletten gibt, daß sich ihre Migräne, wenn sie wüßte, was er getan hatte, verzehnfachen würde. Aber wie hätte er ihr klarmachen sollen, daß er diesmal nicht vorgehabt hatte, Miranda umzubringen, sondern das Lenkrad des Wagens wie aus eigenem Willen gehandelt und sich seinem Griff entwunden hatte? Denn so hatte Mr. Muir – der schnell nach Hause fuhr, immer noch zitternd und aufgeregt, als sei er selbst knapp einem gewaltsamen Tod entronnen – den Vorfall in Erinnerung.

Er erinnerte sich auch an den gräßlichen Schrei der Katze, der fast sofort durch die Wucht des Aufpralls abgeschnitten wurde – aber eben doch nicht sofort.

Und hatte der Kotflügel des stattlichen, britischen Wagens etwa eine Delle? Nein.
Und waren auf dem linken Vorderrad Blutspritzer? Nein.
Gab es überhaupt ein Zeichen eines noch so glimpflichen, harmlosen Unfalls? Nein.
»Kein Beweis! Kein Beweis!« sagte sich Mr. Muir glücklich und nahm auf dem Weg zu Alissas Zimmer zwei Stufen auf einmal. Als er die Hand hob, um an die Tür zu klopfen, stellte er mit Erleichterung fest, daß Alissa sich offensichtlich besser fühlte. Sie telefonierte angeregt mit jemandem; er hörte sogar ihr helles, silbernes Lachen, das ihn an nichts so sehr erinnerte wie an Windglocken in einer milden Sommernacht. Das Herz schwoll ihm vor Liebe und Dankbarkeit. »Liebe Alissa – ab jetzt werden wir so glücklich sein!«

Und dann geschah das Unglaubliche, daß um die Schlafenszeit herum die weiße Katze wiederauftauchte.
Sie war also doch nicht gestorben.
Mr. Muir, der mit Alissa zusammen gerade einen späten Brandy trank, sah Miranda zuerst: Sie war aufs Dach geklettert – wahrscheinlich über ein Rosenspalier, das sie schon oft zu diesem Zweck benutzt hatte –, und jetzt erschien in einer gräßlichen Wiederholung der Szene, die sich einige Abende zuvor abgespielt hatte, ihr Mopsgesicht an einem der Fenster. Mr. Muir war vor Schreck gelähmt, und es war Alissa, die aus dem Bett sprang, um die Katze hereinzulassen. »Miranda! Was für ein Kunststück! Was hast du denn vor?« Die Katze war ganz gewiß nicht beunruhigend lange weg gewesen, und doch begrüßte Alissa sie dermaßen leidenschaftlich, als wäre es so gewesen. Und Mr. Muir – dessen Herz hämmerte und dessen Seele sich vor Abscheu zusammenkrampfte – mußte die Scharade mitspielen. Er hoffte, Alissa werde das ekelerfüllte Grauen nicht bemerken, das sicherlich in seinen Augen stand. Bei der Katze, die er mit dem Reifen getroffen hatte, mußte es sich um ein anderes Tier gehandelt haben, nicht um Miranda . . . Offensichtlich war es nicht Miranda gewesen. Eine andere weiße Perserkatze mit gelbbraunen Augen, nicht seine eigene.
Alissa stieß gurrende Laute aus und streichelte das Tier und ermunterte es, sich die Nacht über aufs Bett zu legen, aber nach wenigen Minuten sprang Miranda herunter und kratzte an der Tür, um hinausgelassen zu werden: Sie hatte noch nicht zu Abend gegessen; sie war hungrig; sie hatte von der Zärtlichkeit ihres Frauchens genug. Ihrem

Herrchen, das sie ekelerfüllt anstarrte, hatte sie nicht einmal einen flüchtigen Blick zugeworfen. Jetzt wußte er, daß er sie töten *mußte* – und sei es nur, um zu beweisen, daß er es konnte.

In der Folge dieses Vorfalls mied die Katze klugerweise Mr. Muir – nicht aus träger Gleichgültigkeit heraus wie in der Vergangenheit, sondern in dem scharfen Bewußtsein ihres veränderten Verhältnisses. Er wußte, ihr konnte nicht klar sein, daß er versucht hatte, sie umzubringen – aber offenbar war sie fähig, es zu spüren. Vielleicht hatte sie sich im Gebüsch an der Straße versteckt und gesehen, wie er mit dem Wagen auf ihre unglückliche Doppelgängerin zusteuerte und sie überfuhr.

Mr. Muir wußte, daß dies kaum anzunehmen war. Es war wirklich höchst unwahrscheinlich. Aber wie sonst sollte man sich das Benehmen der Katze in seiner Gegenwart erklären – ihre Demonstration oder Simulation animalischer Angst? Daß sie auf ein Wandschränkchen sprang, wenn er den Raum betrat, als wolle sie ihm ausweichen; daß sie auf einen Kaminsims hüpfte (und wie absichtlich eines seiner geschnitzten Jadefigürchen auf den Feuerrost warf, wo es in tausend Stücke zersprang); daß sie ohne jede Anmut aus einer Tür jagte, wobei ihre scharfen Krallen auf dem Hartholzboden tickerten. Wenn er sich ihr aus Versehen im Freien näherte, war es sehr wahrscheinlich, daß sie geräuschvoll auf eines der Rosenspaliere kletterte oder auf die Weinlaube oder einen Baum, oder daß sie wie ein wildes Tier ins Gebüsch rannte. Wenn Alissa zufällig dabei war, war sie jedesmal erstaunt, weil das Verhalten der Katze in der Tat sinnlos *war*. »Glaubst du, daß Miranda krank ist?« fragte sie. »Sollen wir mit ihr zum Tierarzt?« Mr. Muir meinte unbehaglich, er bezweifle, daß sie sie für diesen Zweck einfangen könnten – zumindest bezweifelte er, daß *er* konnte.

Er hatte den Impuls, Alissa sein Verbrechen, oder sein versuchtes Verbrechen, zu gestehen. Er hatte das verhaßte Tier getötet – *und es war nicht gestorben*.

Eines Nachts Ende August träumte Mr. Muir von funkelnden, körperlosen Augen. Und in ihrer Mitte jene schwarzen, schwarzen Irisse wie altmodische Schlüssellöcher: Schlitze, die sich ins Leere öffneten. Er konnte sich nicht bewegen, um sich zu schützen. Ein warmes pelziges Gewicht ließ sich wohlig auf seiner Brust nieder ... direkt auf seinem

Gesicht! Die weiße Katzenschnauze mit ihren Schnurrhaaren preßte sich in einem höllischen Kuß auf seinen Mund, und im Nu wurde ihm der Atem ausgesogen ...

»O nein! Hilfe! Lieber Gott –«

Die feuchte Schnauze auf seinem Mund, die ihm seinen Lebensodem aussaugte, und er konnte sich nicht bewegen, um sie wegzureißen – seine Arme bleiern neben ihm; sein ganzer Körper stumm, gelähmt ...

»Hilfe ... *Zu Hilfe!*«

Die Tatsache, daß er schrie und sich panikartig im Bett hin und her warf, weckte ihn. Obwohl er sofort erkannte, daß es ein Traum gewesen war, atmete er immer noch in raschen, flachen Stößen, und sein Herz hämmerte so wild, daß er Angst hatte zu sterben: Hatte nicht sein Arzt erst letzte Woche ernst von einer drohenden Herzkrankheit gesprochen, der Möglichkeit eines Herzversagens? Und wie unerklärlich war es, daß sein Blutdruck so sehr viel höher war als je zuvor in seinem Leben ...

Mr. Muir warf das feuchte, zerknüllte Bettzeug von sich und knipste mit zitternden Fingern eine Lampe an. Gott sei Dank war er allein, und Alissa war nicht Zeugin dieser neuesten Bloßlegung seiner Nerven gewesen!

»Miranda?« flüsterte er. »Bist du da?«

Er machte eine Deckenlampe an. Das Schlafzimmer flimmerte von Schatten; einen Moment lang schien es nicht der Raum zu sein, den er kannte.

»Miranda ...?«

Das hinterhältige, böse Tier! Das feindselige Biest! Wenn er sich vorstellte, daß eine Katzenschnauze seine Lippen berührt hatte, die Schnauze eines Tiers, das Mäuse, Ratten verschlang – alles, was es im Wald Stinkendes, Dreckiges gab! Mr. Muir ging in sein Bad und spülte den Mund aus, auch wenn er sich sagte, daß der Traum nur ein Traum gewesen war und die Katze nur ein Phantom und daß Miranda selbstverständlich *nicht* in seinem Zimmer war.

Und doch hatte sich ihr warmes, pelziges, unverwechselbares Gewicht auf seiner Brust niedergelassen. Sie hatte versucht, ihm den Atem auszusaugen, ihn zu erwürgen, zu ersticken, sein armes Herz zum Stehen zu bringen. *Es lag in ihrer Macht.* »Nur ein Traum«, sagte Mr. Muir laut und lächelte zitternd seinem Spiegelbild zu. (Oh! Der Gedanke, daß diese bleiche, verstörte Erscheinung wirklich *er* war . . .) Mr. Muir erhob mit gelehrtenhaftem Nachdruck die Stimme. »Ein dummer Traum. Ein Kindertraum. Ein Weibertraum.«

Zurück in seinem Zimmer, hatte er das flüchtige Gefühl, irgend etwas – eine verschwommene weiße Gestalt – sei gerade unter sein Bett geschlüpft. Als er sich aber auf Hände und Knie niederließ, um nachzuschauen, war da natürlich nichts. Allerdings entdeckte er im Teppich ein paar Katzenhaare. Weiß, ziemlich steif – eindeutig Mirandas Haare. Ah, ziemlich eindeutig. »Hier ist der Beweis!« sagte er aufgeregt. Er fand einige auf dem Teppich neben der Tür verstreut und näher an seinem Bett noch etliche mehr – als habe das Tier dort eine Weile gelegen, sich herumgewälzt (wie Miranda das sonst normalerweise auf der Terrasse in der Sonne tat) und seine herrlichen Glieder völlig zufrieden und ungeniert von sich gestreckt. Mr. Muir war in solchen Momenten oft von der bemerkenswerten *Sinnlichkeit* der Katze beeindruckt gewesen: ein Genuß von Leib (und Fell), den er sich nicht im Entferntesten vorstellen konnte. Selbst bevor sich ihr Verhältnis verschlechtert hatte, hatte er manchmal den Drang verspürt, rasch zu der Katze hinzulaufen und mit dem Absatz in diesen weichen, ungeschützten, blaßrosa Bauch zu treten.

»Miranda? Wo bist du denn? Bist du noch hier?« sagte Mr. Muir. Er war außer Atem, erregt. Er hatte einige Minuten in der Hocke gesessen, und als er sich jetzt aufzurichten versuchte, schmerzten ihm die Beine.

Mr. Muir durchsuchte das Zimmer, aber es war klar, daß die Katze verschwunden war. Er trat auf den Balkon hinaus, lehnte sich ans Geländer und blinzelte in die mondhelle Finsternis, konnte aber nichts sehen – er hatte vor Schreck vergessen, seine Brille aufzusetzen. Ein paar Minuten lang atmete er, um sich zu beruhigen, die ziemlich feuchte, schwere Nachtluft ein, aber bald wurde klar, daß etwas nicht stimmte. Irgendein undefinierbarer, murmelnder, leiser Ton – war es eine Stimme? Stimmen?

Dann sah er es: die geisterhaft weiße Gestalt unten im Gebüsch. Mr. Muir starrte blinzelnd hin, doch auf seine Augen war kein Verlaß. »Miranda . . . ?« Über ihm huschte irgend etwas raschelnd entlang, und als er sich umwandte, sah er auf dem steilen Dach noch eine weiße Gestalt, die rasch über den First lief. Er stand völlig reglos da – ob vor Schrecken oder weil er es für klug hielt, hätte er nicht sagen können. Daß es mehr als eine weiße Katze gab, mehr als eine weiße Perserkatze – tatsächlich mehr als *nur eine Miranda* –, diese Möglichkeit hatte er nicht bedacht! »Aber das erklärt es vielleicht«, sagte er. Er hatte furchtbare Angst, doch sein Hirn funktionierte so klar wie immer.

Es war noch nicht sehr spät, kaum ein Uhr. Der leise Ton, den Mr. Muir hörte, war Alissas Stimme, ab und zu durch ihr helles, silbernes Lachen unterbrochen. Man hätte fast denken können, jemand sei bei ihr im Schlafzimmer – aber natürlich führte sie nur ein spätnächtliches Telefongespräch, sehr wahrscheinlich mit Alban – sie plauderten wohl angeregt in harmloser Boshaftigkeit über ihre Schauspielerkollegen und -kolleginnen, gemeinsame Freunde und Bekannte. Alissas Balkon lag auf derselben Seite wie der von Mr. Muir, wodurch sich erklärte, daß ihre Stimme (*waren* es überhaupt Stimmen? Mr. Muir lauschte verwirrt) so klar zu hören war. Aus ihrem Zimmer fiel kein Licht; sie telefonierte wohl im Dunkeln.

Mr. Muir wartete weitere fünf Minuten, doch die weiße Gestalt drunten im Gebüsch war verschwunden. Und das Schieferdach über ihm war leer und reflektierte das Mondlicht in matten, unregelmäßigen Flecken. Er war allein. Er beschloß, wieder zu Bett zu gehen, doch zuvor prüfte er sorgfältig, ob er auch *wirklich* allein war. Er schloß alle Fenster und die Tür und schlief bei Licht – aber so tief und mit so wohltuender Selbstvergessenheit, daß ihn erst Alissas Klopfen am Morgen weckte. »Julius? Julius? Stimmt irgend etwas nicht, Lieber?« rief sie. Er sah erstaunt, daß es *schon fast Mittag* war: Er hatte vier Stunden länger als üblich geschlafen!

Alissa verabschiedete sich eilig von ihm. Eine Limousine holte sie ab, um sie in die Stadt zu bringen; Alissa mußte einige Nächte hintereinander wegbleiben; sie war um ihn, um seine Gesundheit besorgt und hoffte, es fehle ihm nichts ... »Natürlich fehlt mir nichts«, sagte Mr. Muir gereizt. So lang in den Tag hinein zu schlafen, hatte bewirkt, daß er sich träge und verwirrt fühlte; der Schlaf hatte ihn kein bißchen erfrischt. Als Alissa ihn zum Abschied küßte, schien er den Kuß eher über sich ergehen zu lassen, als ihn zu erwidern, und nachdem sie weg war, mußte er dem Impuls widerstehen, sich mit dem Handrücken über den Mund zu wischen.

»Gott steh uns bei«, flüsterte er.

Nach und nach hatte Mr. Muir als Folge seiner gequälten Gemütsverfassung das Interesse am Sammeln verloren. Als ihm ein Antiquar eine seltene Ausgabe des *Directorium Inquisitorum* im Oktavformat anbot, empfand er kaum nennenswerte Erregung und ließ zu, daß ihm die Kostbarkeit von einem rivalisierenden Sammler weggeschnappt wurde. Nur wenige Tage später reagierte er mit sogar noch geringerer Begeisterung, als man ihm die Chance bot, für eine Ausgabe von Macchiavellis *Belfagor* in Quartformat und Frakturschrift zu bieten. »Ist etwas nicht in Ordnung, Mr. Muir?« fragte ihn der Händler. (Sie hatten ein Vierteljahrhundert lang zusammen Geschäfte gemacht.) Mr. Muir sagte ironisch: »*Ist* etwas nicht in Ordnung?« und unterbrach die Telefonverbindung. Er sollte nie mehr mit dem Mann sprechen. Noch entschiedener verlor Mr. Muir jedes Interesse an Geldgeschäften. Er wollte keine Telefonanrufe mehr von den diversen Wallstreet-Gentlemen entgegennehmen, die sein Geld verwalteten; es genügte ihm zu wissen, daß das Geld da war und immer da sein würde. Diesbezügliche Details fand er ermüdend und gewöhnlich.

In der dritten Septemberwoche bekam das Stück, an dem Alissa als Zweitbesetzung mitwirkte, überragende Kritiken, was eine gute, lange Laufzeit bedeutete. Obwohl sich die weibliche Hauptdarstellerin bei allerbester Gesundheit befand und es wenig wahrscheinlich war, daß sie auch nur eine einzige Vorstellung versäumen würde, fühlte sich Alissa verpflichtet, ziemlich viel Zeit in der Stadt zu verbringen, manchmal eine ganze Woche ununterbrochen. (Was sie dort tat, wie sie sich dort Tag für Tag, Abend für Abend die Zeit vertrieb, wußte Mr. Muir nicht, und er war zu stolz, danach zu fragen.) Als sie ihn einlud, ein Wochenende zu ihr zu kommen (warum besuchte er nicht ein paar seiner Antiquare, was ihm doch früher soviel Vergnügen bereitet hatte?), erwiderte Mr. Muir nur: »Aber warum denn, wenn ich doch alles, was ich zum Glücklichsein brauche, hier auf dem Lande habe?«

Seit der Nacht des Erstickungsversuchs achteten Mr. Muir und Miranda noch bewußter aufeinander. Die weiße Katze floh seiner Gegenwart nicht mehr; vielmehr blieb sie, wenn er den Raum betrat, wo sie war, als wolle sie ihn verspotten. Wenn er sich ihr näherte, wich sie erst im letzten Moment aus, indem sie sich oft flach am Boden entlangschob und wie eine Schlange flüchtete. Er beschimpfte sie; sie bleckte die Zähne und fauchte. Er lachte laut, um ihr zu zeigen, wie wenig er sich daraus machte; sie sprang auf einen Schrank außerhalb seiner Reichweite und ließ sich zum seligen Schlaf einer Katze nieder. Jeden Abend rief Alissa zu einer vereinbarten Zeit an;

jeden Abend erkundigte sie sich nach Miranda, und Mr. Muir pflegte zu sagen: »Schön und gesund wie immer! Schade, daß du sie nicht sehen kannst!«

Im Lauf der Zeit wurde Miranda kecker und leichtsinniger – vielleicht schätzte sie die Reflexe ihres Herrchens falsch ein. Manchmal tauchte sie direkt vor seinen Füßen auf, brachte ihn auf der Treppe oder wenn er das Haus verließ, fast zum Stolpern; sie wagte es, sich ihm zu nähern, wenn er mit einer potentiellen Waffe in der Hand dastand – einem Tranchiermesser, einem Schürhaken, einem schweren, in Leder gebundenen Buch. Ein- oder zweimal, als Mr. Muir verträumt bei einer seiner einsamen Mahlzeiten saß, sprang sie sogar auf seinen Schoß und rannte quer über den Eßtisch, wobei sie Teller und Gläser umwarf. »Satan!« kreischte er und schlug mit den Fäusten in ihre Richtung. »Was willst du von mir?« Er fragte sich, was die Bediensteten sich wohl über ihn erzählten, sich heimlich zuflüsterten. Er fragte sich, ob irgendeiner von ihnen es an Alissa in der Stadt weitergab. Eines Abends jedoch beging Miranda einen taktischen Fehler, und Mr. Muir bekam sie zu fassen. Sie war in sein Arbeitszimmer geschlüpft – wo er bei Lampenlicht einige seiner seltensten und kostbarsten Münzen untersuchte (mesopotamische, etruskische) – und hatte offenbar damit gerechnet, durch die Tür fliehen zu können. Aber Mr. Muir, der mit ungewöhnlicher, fast katzenhafter Schnelligkeit von seinem Stuhl aufsprang, gelang es, die Tür mit einem Fußtritt zu schließen. Was für eine Jagd jetzt folgte! Was für ein Kampf! Was für verrückte Possen! Mr. Muir bekam das Tier zu fassen, dann entwischte es ihm, dann bekam er es wieder zu fassen, und abermals entwischte es ihm; zerkratzte ihm tückisch beide Handrücken und das Gesicht; es gelang ihm, die Katze wieder zu packen, sie gegen die Wand zu schleudern und seine blutenden Finger um ihre Kehle zu schließen. Er drückte zu, er drückte zu! Jetzt hatte er sie, und keine Macht der Welt würde ihn dazu bringen, sie loszulassen! Während die Katze schrie und kratzte und strampelte und zappelte und schon in Todeszuckungen zu verfallen schien, beugte sich Mr. Muir über sie, und in seinen hervorquellenden Augen stand genau wie in den ihren der Wahnsinn. Seine Stirnadern pochten sichtbar. »Jetzt! Jetzt habe ich dich! Jetzt!« brüllte er. Und genau in diesem Moment, als die weiße Perserkatze, ganz sicher, kurz vor dem Sterben war, flog die Tür auf, und einer der Bediensteten erschien mit weißem Gesicht und ungläubiger Miene: »Mr. Muir? Was ist denn los? Wir hörten solchen –«, sagte der Idiot;

und natürlich entschlüpfte Miranda Mr. Muirs gelockertem Griff und raste aus dem Zimmer.

Nach diesem Vorfall schien Mr. Muir sich mit der Erkenntnis abgefunden zu haben, daß er nie mehr eine solche Gelegenheit erhalten würde. Das Ende nahte rasch.

In der zweiten Septemberwoche kehrte Alissa urplötzlich nach Hause zurück.

Sie hatte das Stück aufgegeben, sie hatte den Schauspielberuf aufgegeben; sie hatte, wie sie ihrem Gatten ungestüm erklärte, für lange Zeit nicht einmal mehr die Absicht, New York zu besuchen.

Erstaunt sah er, daß sie geweint hatte. Ihre Augen glänzten unnatürlich und erschienen ihm kleiner, als er sie in Erinnerung hatte. Und ihre Schönheit wirkte ausgelaugt, als schiebe sich allmählich ein anderes Gesicht – härter, von kleineren Dimensionen – hindurch. Arme Alissa! Sie war so voller Hoffnung weggegangen! Als Mr. Muir sie umarmen wollte, um sie zu trösten, entzog sie sich ihm; ihre Nasenlöcher verengten sich, als finde sie seinen Geruch ekelhaft. »Bitte«, sagte sie, ohne ihm in die Augen zu sehen. »Ich fühle mich nicht wohl. Am wichtigsten ist jetzt für mich, daß ich allein bin ... einfach nur allein bin.«

Sie zog sich in ihr Zimmer, in ihr Bett zurück. Einige Tage lang blieb sie dort allein und ließ nur eine der weiblichen Bediensteten zu sich und, natürlich, ihre geliebte Miranda, falls Miranda geruhte, dem Haus einen Besuch abzustatten. (Zu seiner unendlichen Erleichterung stellte Mr. Muir fest, daß die weiße Katze kein Zeichen des kürzlichen Kampfs an sich trug. Seine eigenen zerfleischten Hände und sein Gesicht heilten nur langsam, aber das schien Alissa in ihrem Kummer und ihrer Selbstversunkenheit entgangen zu sein.)

In ihrem Zimmer, hinter ihrer verschlossenen Tür, führte Alissa eine Reihe von Telefongesprächen nach New York City. Häufig schien sie am Telefon zu weinen. Soweit Mr. Muir jedoch beurteilen konnte – wobei er unter diesen besonderen Umständen gezwungen war, heimlich mitzuhören –, führte sie keines dieser Gespräche mit Alban.

Was hieß ...? Er mußte zugeben, daß er keine Ahnung hatte; und Alissa konnte er auch nicht fragen. Denn damit hätte er verraten, daß er gelauscht hatte, und sie wäre zutiefst schockiert gewesen.

Mr. Muir schickte Alissa kleine Herbstblumensträuße ins Krankenzimmer; kaufte ihr Pralinen und Bonbons, Gedichtbändchen, ein neues Diamantarmband. Ein paarmal stand er vor ihrer Tür, immer der eifrige Bittsteller, aber sie erklärte, daß sie jetzt gerade nicht bereit sei, ihn zu sehen – jetzt gerade nicht. Ihre Stimme war schrill und hatte einen metallischen Klang, den Mr. Muir noch nie gehört hatte. »Liebst du mich nicht, Alissa?« rief er plötzlich. Einen Moment lang herrschte verlegenes Schweigen. Dann: »Natürlich liebe ich dich. Aber bitte geh jetzt, und laß mich allein.«

Mr. Muir machte sich solche Sorgen um Alissa, daß er nie mehr als ein oder zwei Stunden am Stück schlief, und diese Stunden waren von turbulenten Träumen geprägt. Die weiße Katze! Das gräßliche, erstickende Gewicht! Fell sogar in seinem Mund! Doch wenn er wachlag, dachte er nur an Alissa und machte sich Gedanken darüber, wieso sie, obwohl nach Hause gekommen, eigentlich nicht zu *ihm* gekommen war. Er lag allein in seinem einsamen Bett und schluchzte in den zerwühlten Laken rauh vor sich hin. Eines Morgens strich er sich übers Kinn und spürte Stoppeln: Er hatte seit Tagen versäumt, sich zu rasieren.

Von seinem Balkon aus sah er zufällig die weiße Katze, die sich auf der Gartenmauer putzte, ein größeres Tier, als er es in Erinnerung gehabt hatte. Sie hatte sich von seinem Angriff vollständig erholt. (Wenn sie überhaupt dabei verletzt worden war. Wenn die Katze auf der Gartenmauer überhaupt dieselbe Katze war, die leichtsinnigerweise in sein Arbeitszimmer gekommen war.) Ihr weißer Pelz loderte beinahe in der Sonne; ihre Augen waren kleine, golden glühende Miniaturkohlen, tief in ihrem Schädel. Mr. Muir war leicht schockiert, als er sie sah: Was für ein schönes Tier!

Aber im nächsten Moment erkannte er natürlich, was sie war.

An einem regnerischen, stürmischen Abend Ende November fuhr Mr. Muir die schmale Asphaltdecke oberhalb des Flusses entlang, Alissa still neben sich – störrisch still, wie er fand. Sie trug einen schwarzen Kaschmirumhang und einen weichen schwarzen Filzhut, der ihren Kopf eng umschloß und ihr Haar größtenteils verbarg. Dies waren Kleidungsstücke, die Mr. Muir noch nie an ihr gesehen hatte und die in ihrer eleganten Strenge die wachsende Kluft zwischen ihnen verdeutlichte. Als er ihr beim Einsteigen behilflich gewesen war, hatte sie »danke« gemurmelt, aber in einem Ton, der eigentlich bedeutete: »Oh! Mußt du mich denn unbedingt berühren?« Und Mr. Muir hatte eine spöttische kleine Verbeugung gemacht und barhäuptig im Regen gestanden. *Und ich habe dich so geliebt.*

Jetzt sagte sie nichts. Hatte ihr liebliches Profil von ihm abgewandt. Als fazinierten sie der peitschende Regen und drunten der pustelige, schwellende Fluß, die Windstöße, die den britischen Wagen ins Schlingern brachten, als Mr. Muir noch härter aufs Gaspedal trat. »Es ist besser so, meine liebe Frau«, sagte Mr. Muir ruhig. »Selbst wenn du keinen anderen Mann liebst, ist mir doch schmerzlich klar, daß du mich nicht liebst.« Bei diesen ernsten Worten zuckte Alissa schuldbewußt zusammen, wandte ihm aber immer noch nicht ihr Gesicht zu. »Mein Liebes? Verstehst du? Es ist besser so – habe keine Angst.« Als Mr. Muir schneller fuhr, als der Wind den Wagen noch heftiger ins Schlingern brachte, preßte Alissa die Hände vor den Mund, als wolle sie jeden Protest ersticken; sie starrte wie versteinert – genau wie Mr. Muir – auf die vorbeirasende Fahrbahn.

Erst als Mr. Muir den Wagen mutig auf eine Leitplanke zusteuerte, brach sie ihren Vorsatz: Sie stieß ein paar atemlose kleine Schreie aus, preßte sich gegen die Sitzlehne, machte aber keine Anstalten, ihn am Arm zu packen oder ins Steuer zu greifen. Und im Nu war ohnehin alles vorbei – der Wagen krachte durch die Leitplanke, schien sich mitten in der Luft zu drehen, stürzte auf den geröllübersäten Hang und überschlug sich mehrere Male, während er in Flammen aufging ...

Er saß in einem Stuhl mit Rädern – einem Rollstuhl! Er empfand es als eine bemerkenswerte Erfindung und fragte sich, auf wessen Erfindungsgabe das wohl zurückging.

Allerdings war ihm, da er fast vollständig gelähmt war, nicht möglich, ihn aus eigenem Willen vorwärts zu bewegen. Und da er blind war, hatte er sowieso keinen eigenen Willen mehr! Er war es ganz zufrieden, da zu bleiben, wo er war, solange er nicht im Zug stand. (Der unsichtbare Raum, in dem er jetzt wohnte, war größtenteils behaglich geheizt – dafür hatte seine Frau gesorgt –, aber es gab doch immer noch unvorhersehbare kalte Luftströmungen, die ihn von Zeit zu Zeit traktierten. Er fürchtete, seine Körpertemperatur werde sich gegen einen länger dauernden Angriff nicht behaupten können.)

Er hatte die Namen vieler Dinge vergessen und verspürte keinen großen Kummer darüber. Tatsächlich ist es ja so, daß, auch wenn man die *Namen* nicht kennt, das Verlangen nach den *Dingen* nachläßt, die ihnen geisterhaft innewohnen. Und natürlich hatte seine Blindheit viel damit zu tun – wofür er dankbar war! Recht dankbar!

Blind, aber nicht völlig blind: denn sehen (beziehungsweise nicht

nicht sehen) konnte er weiße Strudel, verschiedene Weißtöne, erstaunlich feine Abstufungen von Weiß, die sich wie Strudel in einem Strom unaufhörlich rings um seinen Kopf brachen und zusammenfielen und sich durch keine bestimmte Form oder einen bestimmten Umriß oder einen vulgären Anklang an irgendeinen Gegenstand im Raum auszeichneten . . .

Er hatte offenbar eine Reihe von Operationen hinter sich. Wie viele, wußte er nicht; und er wollte es auch nicht wissen. Einige Wochen zuvor hatte man mit ihm ernsthaft über die Möglichkeit einer weiteren Hirnoperation gesprochen, deren (hypothetisches) Ziel es war, wenn er dies richtig verstanden hatte, seine Fähigkeit, einige der Zehen seines linken Fußes zu bewegen, teilweise wiederherzustellen. Hätte er zu lachen vermocht, dann hätte er gelacht, aber vielleicht war sein würdevolles Schweigen vorzuziehen.

Alissas süße Stimme vermischte sich mit den anderen zu einem Chor düsterer Begeisterung, aber soweit er wußte, hatte die Operation nie stattgefunden. Oder falls doch, hatte sie jedenfalls keinen merklichen Erfolg gebracht. Die Zehen seines linken Fußes waren für ihn so fern und verloren wie alle übrigen Teile seines Körpers.

Er sei während eines heftigen Gewitters allein die schmale Straße oberhalb der Uferbefestigung entlanggefahren, habe die Kontrolle über seinen Wagen verloren, die Leitplanke durchbrochen und sei den Hang hinabgestürzt, sei »wie durch ein Wunder« aus dem Wagen geschleudert worden, wenn auch zwei Drittel seiner Knochen dabei zu Bruch gegangen seien, er eine ernste Schädelfraktur erlitten habe, sein Rückgrat zerschmettert, eine Lunge durchbohrt worden sei . . . So setzte sich die Geschichte, wie er in dieses Zimmer gekommen war, aus Fragmenten zusammen, die so verstreut und zufällig waren wie die Bruchstücke einer zertrümmerten Windschutzscheibe. Durch einen Glücksfall (so ging die Geschichte weiter), sei innerhalb der nächsten Minuten ein anderes Auto vorbeigekommen. Man habe also einen Krankenwagen gerufen und ihm somit das Leben gerettet. Er glaubte nicht, daß in so freundlichen Worten wie *Glücksfall* und *gerettet* irgendeine ironische Absicht lag, wenngleich es keine sehr glückliche Geschichte war, wie selbst Alissa zugab.

Und doch war es keine ganz tragische Geschichte – wie Alissa mit jener Bemühung um resolute Fröhlichkeit insistierte, für die sie andere hier (er hatte es gehört) in ihrer Abwesenheit flüsternd lobpriesen –, da nämlich immer noch die Möglichkeit bestand, daß ein Teil seiner Sehkraft wiederhergestellt würde. Und dann bestand, solange er lebte und seinen Mut behielt, immer noch die Möglichkeit neuer medizinischer Technologien, neuer neurologischer Entdeckungen, die die Lähmung teilweise beheben mochten.

Bei ihren Besuchen brachte Alissa manchmal so ein pelziges, warmes Tier mit, und er hatte angefangen, sich auf diese seltenen Anlässe zu freuen – und sie sogar bis zu einem gewissen Grad vorauszuahnen. Wenn er aus seinem Dösen erwachte, spürte er dann, wie sich auf seinem Schoß ein Gewicht niederließ; weich, aber schwer; erhitzt, doch auf nicht unangenehme Weise; anfangs ein wenig unruhig (so wie sich vielleicht eine Katze im Kreis dreht, um die ideale Lage zu finden, bevor sie sich niederläßt), aber nach ein paar Minuten ganz wundervoll entspannt, wobei sie mit ihren Krallen sanft seine Gliedmaßen knetete und schnurrend in einen gemütlichen Schlaf hinüberglitt. Er hätte gern über das schimmernd blasse Weiß seiner Wahrnehmung hinaus das besondere, ihr eigene Weiß gesehen; ganz sicher hätte er gern noch einmal die Weichheit, die erstaunliche Seidigkeit jenes Fells gespürt. Aber er konnte immerhin das tief aus der Kehle kommende Schnurren hören. Er konnte bis zu einem gewissen Grad ihr warm pulsierendes Gewicht spüren, das Wunder ihrer, verglichen mit seiner eigenen, geheimnisvollen *Lebendigkeit* – wofür er unendlich dankbar war.

The White Cat © 1987 by Joyce Carol Oates

DILEMMA IN SAN DIEGO
Michael Mulder

Michael Mulder ist ein siebenundzwanzigjähriger Englischlehrer an der North Texas State University in Denton, Texas. Dilemma in San Diego ist seine erste Kurzgeschichte und entsprang einem Autorenkursus, an dem Mulder seinerzeit teilnahm und den er heute leitet. Die Idee zu der Geschichte hatte Michael Mulder, als ihm eines Tages während eines Aufenthaltes in Südkalifornien eine erhebliche Summe Geldes angeboten wurde, wenn er sich bereit erklären würde, eine Lastwagenladung illegaler Einwanderer über die mexikanische Grenze in die USA zu transportieren. Zwar lehnte Mulder seinerzeit ab, doch er spann den Faden zu einer Geschichte weiter.

Martin West steckte sich eine Zigarette an, schaute flüchtig zur Uhr auf dem kleinen Tisch an der Tür, lehnte sich in seinem Sessel zurück, blies eine leichte blaugraue Rauchwolke an die niedrige, schräge Decke der Dachwohnung und sah zu, wie der Rauch im Licht der einzigen Birne über ihm dahintrieb und sich auflöste. Es war zehn Uhr abends. Obwohl vor einer Dreiviertelstunde ein Anruf hätte kommen müssen – tatsächlich lag Martins linke Hand jetzt dicht beim Telefon neben seinem Sessel –, war sein Verhalten vorbildlich ruhig. Das Mädchen würde bald anrufen oder vielleicht auch nicht. Wenn nicht, mußten Maßnahmen ergriffen werden. In jedem Fall war es wichtig, daß er selbst ruhig blieb.

Einmal, in früheren Zeiten, als er und Jose Campos das Unternehmen allein durchgeführt hatten, war der alte, manchmal unzuverlässige Lastwagen liegengeblieben, während sie in der Schlange vor der Grenze standen. Martin hatte damals nicht nur drei Zollbeamte um Hilfe gebeten, um den Wagen wieder flottzukriegen, sondern hatte, als der Motor endlich wieder dröhnend ansprang und sie durchgewinkt wurden, angehalten, war ein Stück zurückgefahren und hatte sich nach der besten Route nach San Diego erkundigt. Währenddessen lag ihre menschliche Fracht, der ungefähr acht bis zehn Jahre Bundesgefängnis drohten, die ganze Zeit schwitzend und ohne einen Laut von sich zu geben zusammengekauert unter den Bodenbrettern im hinteren Teil des Lastwagens.

Campos hatte Angst gehabt. Zum Teufel, Campos war kurz davor, sich in die neuen Malerhosen zu scheißen, die sie vor Tagen gekauft und dann, sorgfältig-naiv, mit Farbe bekleckst hatten, um die Voraussetzungen zu vervollständigen, die mit dem Firmenemblem an der Seite des Lieferwagens begannen, in dem sich Leitern und Malerrollen befanden. *»Por eso, tu eres el jefe«*, war alles gewesen, was Campos an jenem Tag noch sagen hatte können, atemlos, mit glasigen Augen, als sie wieder auf der Straße waren. »Deswegen bist du der Boss.« Den Rest der Fahrt hatte er nicht mehr gesprochen.

Internationale Maler . . . Martin lachte in sich hinein. Ruhe. Nur ruhiges und rasches Überlegen hatten sie damals auf der Rückfahrt durchgebracht. Das würde auch diesmal genügen.

Patricia Zavala fuhr auf dem Highway 10 mit vorsichtigen 55 Meilen pro Stunde in Richtung San Diego und konzentrierte sich mühsam auf die vor ihr liegende Straße. Irgend etwas stimmte nicht. Mit der linken Hand schob sie ihr volles, schulterlanges Haar zurück, das im Fahrtwind flatterte, und rief sich noch einmal die Szene an der Grenze in Erinnerung. Es war eine lange Schlange gewesen, und sie hatten über eine halbe Stunde gewartet, aber alles war glattgegangen. Tate, ihr Freund beim Zoll, war dagewesen – an der dritten Durchfahrt von links, genau wie er gesagt hatte – mit einem Lächeln, das das Abzeichen auf seiner Brust noch überstrahlte, als er vorgab, ihre Dokumente zu prüfen, bevor er sie weiterschickte.

Nein, es hatte keinen Ärger gegeben, keine unerwarteten Hindernisse. Aber irgend etwas stimmte nicht ganz. Warum hatte Campos sich entschlossen, nicht mit dem Wagen in Tijuana auf sie zu warten? Die Männer dort auf dem Parkplatz allein zu lassen, bewies wenig Verständnis für die Situation. Sie würde mit Martin darüber reden müssen.

Patricia warf einen kurzen Blick auf den jungen Mann, der neben ihr auf dem Vordersitz saß, und bemerkte, daß er schon wieder ihre Beine betrachtete. Eine Frau in Jeans schien für einen Mittelamerikaner, der geradewegs aus den Bergen kam, Anlaß zu endloser Verwunderung zu sein.

Er hob den Blick, begegnete ihrem, wandte sich ab und schaute aus dem Fenster. Ja ... ja, das war es. Er wurde nicht rot vor Verlegenheit. Er wandte sich nur ab. Sie sah jetzt im Rückspiegel nach den beiden auf der Rückbank. Sie saßen still da. Einer bemerkte ihren Blick und erwiderte ihn direkt. Sein Blick war nicht der eines Mannes auf der Flucht – es war nicht der Blick, den sie vor Beginn jedes Transports in ihren eigenen Augen wahrnahm. Es fehlte das Verhalten, das man bei den Männern eigentlich erwartet hätte – weil alles neu für sie war und sie nervös waren –, etwa, daß sie zu schnell über einen Witz lachten oder zu oft den langweiligen Ausblick kommentierten. Das war es, was nicht stimmte. Diese Männer waren nicht unerfahren. Sie rochen nicht nach Angst.

Vielleicht sind es Jungen aus der Stadt, sagte sie sich und wandte ihre Aufmerksamkeit wieder der Straße zu, gerade rechtzeitig, um die Ausfahrt für den Rastplatz mit dem Münzfernsprecher zu bemerken. Sie fuhr auf den Parkplatz und hielt ungefähr zehn Meter von der Telefonzelle entfernt. Sie war leer. Jeder Schritt hatte bis jetzt problemlos geklappt, sagte sie sich. Sie drehte sich zu den Männern um und wünschte sich, ihr Spanisch wäre besser. »*Todo está bien*«, sagte sie zu ihnen. »*Yo regresaré*... einen Moment.«

Aber es war nicht alles in Ordnung. Irgendwie war sie sich dessen sicher.

Martin nahm in der Dachwohnung nach dem dritten Klingeln den Hörer ab: »West.«

»Martin, wo zum Teufel stecken die denn?« Es war Joey, sein Bruder.

»Ich habe dich gebeten, hier nicht anzurufen«, sagte er zu ihm.

»Marty, sie hat's vermasselt. Ich weiß, daß sie's vermasselt hat. Ich hab dir schon vor langer Zeit gesagt, daß du dich auf dieses Mädchen nicht verlassen kannst.« In Wirklichkeit hatte Martin volles Vertrauen zu jenem Mädchen. Es war sein Bruder, um den er sich manchmal Sorgen machte.

»Ich ruf dich an, wenn ich etwas weiß«, sagte er.

»Sie darf es nicht verraten. Wir müssen uns was ausdenken. Wenn die sie haben, was machen wir dann?« Die Stimme seines Bruders wurde höher. Bald würde sie übergehen in ein ... nun ja, unter Druck wurde, Martin mußte es zugeben, aus seinem sechsundzwanzig Jahre alten jüngeren Bruder ein greinendes Kind.

»Joey, setz dich auf deinen Hintern. Ich werde dich anrufen.« Er legte entschlossen den Hörer auf und dachte an die 1,80er-Statur und das attraktive Äußere seines blonden Bruders. Sein kindischer Bruder täuschte alle – fast alle.

Martin sank in das weiche Leder des dickgepolsterten Sessels zurück, dem einzigen Luxus, den er sich in der kärglich möblierten Dachwohnung zugestand, und fast unmittelbar darauf läutete das Telefon erneut. Er ließ es dreimal klingeln und nahm dann ab: »West.«

»Ich bin hier. Es geht uns gut.« Man hörte deutlich die Spannung in der Stimme des Mädchens.

»Aber irgend etwas ist doch.«

»Ich glaube nicht, daß diese Typen Salvadorianer sind. Ich weiß zwar nicht, was sie sonst sein sollten ... aber ihr Verhalten ... Kleinigkeiten – «

»Wir müssen Campos vertrauen«, unterbrach er sie. »Mag ja sein, daß es keine Salvadorianer sind. Vielleicht ist es eine Sonderlieferung.«

Während sie das Metallkabel zwischen den Fingern drehte, überlegte sie, ob sie erwähnen sollte, daß Campos davongelaufen war, vermutlich um sich mit irgendeiner Senorita aus TJ zu treffen, und die Männer allein gelassen hatte, aber plötzlich kam ihr ein Detail in den Sinn, das ihr wenige Augenblicke zuvor im Wagen aufgefallen war, als sie sich umgedreht hatte, um mit den Männern zu sprechen. »Martin, ich kann mich irren, aber ich glaube, daß einer dieser Kerle Kontaktlinsen trägt. In einem bestimmten Winkel habe ich bemerkt – «

Er unterbrach sie erneut. »Immer mit der Ruhe. Dann trägt er halt Kontaktlinsen. Nicht jeder, den wir rausbringen, ist ein armer *campesino*. Manche Leute brauchen uns aus anderen Gründen.«

»Du hast recht«, sagte sie. »Wahrscheinlich sind das die Nerven.«

»Schon gut. Nimm's locker.«

»Ich bin okay. Ich werde es locker nehmen.«

»Bring sie zu Joey«, sagte er.

»Gut.« Er hörte, wie ihr Ton wieder profihaft wurde.

»Und, Patty?«

»Ja?«

»Du machst deinen Job verdammt gut.«

»Danke.«

»Und ich vermisse dich.« Er lächelte und spürte ihr Antwortlächeln ungefähr zwanzig Meilen entfernt.

»Ich dich auch.«

Er legte auf, und plötzlich war sein Kopf mit Bildern von Patricia überflutet und davon, wie sie sich anfühlte. Er dachte an das gemeinsame Abendessen in ihrer Wohnung, das noch keine drei Nächte zurücklag. Sie hatte über die Sache geredet und darüber, wieviel ihr die gemeinsame Arbeit bedeutete, und er hatte größtenteils geschwiegen, weil es sich für ihn bei der Sache nur um Geld handelte – eine Menge Geld. Aber sie bedeutete ihm viel. Deshalb hörte er ihr zu. Und er bemerkte, daß ihm ihre Hoffnungen, ihre Ideale irgendwie verwandt vorkamen. Vielleicht empfand sie das auch, was immer er auch sein mochte... Schmuggler? Söldner? Er lächelte vor sich hin, weil das Ganze so unwahrscheinlich war. Aus welchem Grund auch immer, es funktionierte.

Seine Gedanken schweiften zu der ersten gemeinsamen Nacht vor sechs Wochen zurück, bald nachdem sie sich dem Unternehmen angeschlossen hatte. Sie hatten so natürlich zueinandergefunden. Und an der Art, wie sie miteinander schliefen, war für ihn etwas Neues gewesen: eine Tiefe des Verstehens, die ihre Leidenschaft zu etwas sehr Kommunikationsähnlichem werden ließ – freudige, zärtliche Kommunikation. Viel, viel mehr, als er es gewohnt war. In jener Nacht, als ihr Kopf an seiner Brust lag, ihr weiches Haar über seinen Arm floß, lauschte er ihrem Atem und spürte ihre warme Haut auf seiner.

»Babe, du bist wirklich was Besonderes.« Es war eigentlich nicht seine Art, über Gefühle zu sprechen.

»Mmmm...«, hatte sie gemurmelt und sich noch enger an ihn gekuschelt.

»Ich habe wirklich noch nie...«, hatte er sich zu artikulieren versucht, »so empfunden...« Er hatte nachgedacht, wie banal diese Worte klangen, aber sie hatte den Kopf nach hinten gelegt und ihm in die Augen gesehen.

»Ich auch nicht«, hatte sie gesagt.

»Im Ernst?«

»Nie.« Sie hatte den Kopf wieder an seine Brust gelegt. »Es war wirklich was sehr, sehr Besonderes.«

»Ja.« Das überschwengliche Gefühl in Martin hatte angedauert. Sie hatten einander in der Stille festgehalten.

»Na ja...«, hatte sie begonnen, »es gab jene Zeit mit der Straßenbande in D. C.« Sie hatte gespürt, wie er sich neben ihr verspannt hatte. Zwei Herzschläge lang hatte die Stille gedauert, bevor Patricia angefangen hatte, an Martins Brust vor sich hinzukichern. Gleich darauf hatte er mitgelacht und sie dann zum Schweigen gebracht, indem er ihr Gesicht zu sich gedreht und ihre Lippen mit einem langen Kuß verschlossen hatte.

Ja, es war etwas Besonderes, dachte Martin jetzt bei sich und machte sich plötzlich heftige Sorgen um Patty und wegen der Gefahr, in die sie sich mit seinem Einverständnis begab. Er hob das Telefon ab und wählte die Nummer des Harbor Hotels, wo Joey den ganzen Abend gewartet hatte. Das Hotel war schäbig und wurde größtenteils von alten Säufern und sonstigen Trotteln bewohnt, aber der Eigentümer war ein Freund, und durch seine diskrete Mitwirkung wurde das Hotel zu einem idealen Ort.

»Zimmer 217, bitte.«

»Ja?« Joey nahm fast sofort ab. Seine Stimme klang mürrisch.

»Sie sind da«, teilte ihm Martin mit. »Hast du alles, was du brauchst?«

»Ich bin fertig. Ich war schon fertig.«

»Du hast etwa dreißig Minuten«, sagte Martin, drückte auf die Gabel und beendete das Gespräch, bevor sein Bruder etwas erwidern konnte. Rasch wählte er eine neue Nummer.

»St. Andrews, Schwester Dalia Margarite«, kam die vertraute Begrüßung.

»Schwester Margarite, ich habe mir überlegt, ob die Mission heute abend drei zum Essen aufnehmen könnte?« fragte Martin und steckte sich noch eine Pall Mall an.

»Ach, Martin, ich wünschte wirklich, Sie würden mit diesem Agenten-Kauderwelsch aufhören. Ich weiß, daß dies jetzt der vierzehnte ist, und Sie und ich wissen, daß die Zimmer bereitstehen.«

»Schwester ...«, begann Martin und lächelte etwas verärgert, »so muß man eben vorgehen. Sicherheit. Sie wissen doch, irgend jemand könnte –«

»Na ja, Martin, ehrlich, der Tag, an dem jemand auf die Idee kommt, das Telefon der Mission vom Heiligen Orden der Schwestern vom Unbefleckten Herzen in St. Andrews von San Diego abzuhören, ist der Tag, an dem ich –«

»Schwester«, unterbrach Martin sie aufgebracht, aber er lächelte immer noch vor sich hin.

»Ich bin bereit, mein Lieber«, flötete Margarite.
»Eine Stunde«, sagte Martin und hängte ein.

Er sank wieder in seinen weichen Sessel und dachte über die seltsamen Unterschiede der Menschen nach, die in das Unternehmen verwickelt waren.

Die Gruppe, die er zusammengestellt hatte, war sicherlich ein buntes Gemisch, aber sehr engagiert. Er war klug genug gewesen, lieber die Dienste von Menschen in Anspruch zu nehmen, die an den Befreiungskampf in Salvador und dem Süden glaubten, als die von Leuten, die bloß viel Geld verdienen wollten – wie er selbst, dachte er ironisch. Die, die den Glauben hatten, ließen auch dann nicht nach, wenn es ganz schlimm kam, weil ihnen die Männer etwas bedeuteten. Manche arbeiteten sogar umsonst. Seit den Anfängen mit dem Lieferwagen und der Partnerschaft mit Campos war ihre inoffizielle Lohnliste nur auf drei zusätzliche Leute angewachsen, und Patricia war erst vor zwei Monaten hinzugekommen. Aber das derzeit laufende Unternehmen schloß mehr als zwanzig Leute irgendwo entlang der Straße von San Salvador nach San Diego ein. Manche, so wie Tate an der Grenze, führten einfache Aufgaben aus wie die, einmal pro Woche für dreißig Sekunden ihre Dienstpflicht zu verletzen. Andere sorgten für Informationen. Wieder andere für eine kurze Rast auf dem Weg. Einige wenige, wie die Schwestern von St. Andrews, nahmen das große Risiko auf sich, die Flüchtlinge über größere Zeiträume hinweg zu beherbergen, bis ein Platz für sie gefunden war. All diese Freiwilligen handelten aus einer moralischen Überzeugung heraus, die man für leichtsinnig hätte halten können, die für Martin West aber zweifellos nützlich war.

Martins Vertrauen in seine Untergebenen war so groß, daß er tatsächlich in dem Sessel neben dem Telefon einschlief, während er auf Joeys Mitteilung wartete, daß der nächste Schritt ausgeführt war. Er wurde jedoch nicht durchs Telefon wach, sondern dadurch, daß jemand an die zur Straße gelegene Tür der Dachwohnung hämmerte. Verwirrt und sofort auf der Hut, stand Martin auf und ging zur Tür. Seine Crew benutzte normalerweise den Hintereingang oben an der Treppe, die von der Gasse heraufführte, und es fiel ihm niemand anderer ein, der um diese Zeit zu der Dachwohnung kommen würde. Er öffnete die Tür erst einen Spalt und dann ganz, als er Patricia mit aschfarbenem Gesicht vor sich stehen sah. Schweigend betrat sie das Zimmer, schloß die Tür hinter sich und wandte sich ihm zu. Tränen schossen ihr in die Augen und rollten über ihr Gesicht.

»Pat, was ist los?« fragte Martin.

»Ich habe sie bei Joey gelassen. Ich bin hierher zurückgefahren«, ihre Stimme klang mechanisch. Sie preßte die Worte heraus, und es kostete sie offensichtlich Mühe, nicht die Beherrschung zu verlieren. »Ich habe angehalten, um die Reisepapiere in die Schachtel im Kofferraum zu tun . . .« Ihre Stimme erstarb in heftigem Schluchzen. Sie machte eine Bewegung vorwärts, als wolle sie in seine Arme sinken.

Er hob die Hände und hielt Patricia an den Schultern auf Armeslänge von sich weg. »Sag mir, was los ist, Babe.«

»Campos liegt im Kofferraum.«

Beide schwiegen einen Moment lang, wobei der Schock schwerer wog als das, was die Entdeckung beinhaltete.

Plötzlich hörte Patricia auf zu weinen und sah Martin an. »Joey«, war ihre knappe Erkenntnis. Martin griff schon nach dem Telefon und wählte schnell. Niemand nahm ab.

»Okay, wir müssen jetzt gehen.« Martin starrte sie fest an und hielt seine Stimme frei von dem Gefühl, das ihm aus Angst um seines Bruders Sicherheit den Hals zuschnürte. »Ich weiß nicht, was hier vor sich geht, aber wir müssen gehen. Ich fahre zu Joey ins Hotel und von da in die Mission, falls er schon hingefahren ist. Du«, er sah sie genau an und suchte nach Zeichen der Stärke, die er jetzt unbedingt in ihrem Gesicht sehen mußte, »fährst mit dem Wagen nach TJ zurück. Bring Campos Leiche zu seiner Familie. Wie auch immer es hier weitergeht, ein Mord in Tijuana ist um einiges weniger unangenehm als ein Mord in Südkalifornien.« Er hielt inne und dachte rasch nach. »Die Verletzung?«

»Schußwunde.« Jetzt war Stärke in ihrer Stimme, in dem entschlossenen, glitzernden Blick. »Großes Kaliber, glaube ich.« Sie stockte und senkte den Blick, wobei sie eine Hand mit der anderen umklammerte. »Sein Hinterkopf ist größtenteils weg. Nicht viel Blut.«

»Er wurde umgebracht und dann in den Kofferraum gelegt?«

»Ja.« Er sah, daß sie jetzt bereit war.

Er trat auf sie zu und fühlte plötzlich seinerseits den Impuls, sie in die Arme zu schließen. Aber dann überlegte er es sich anders.

»Gehen wir«, sagte er. »Ruf mich hier um eins an.«

Zeit zu trösten war später. Falls sie alle überlebten.

Von der Dachwohnung oberhalb der »C«-Street, die zu dem Hotel am Harbor Drive führte, waren es weniger als fünf Minuten mit dem Wagen. Martin fuhr schnell, es tobte in ihm. Rachegedanken. Wer auch immer Jose Campos getötet hatte, würde dafür bezahlen. Er war kein Killer. Aber ein Mann.

Und bitte, Gott, bitte, laß mit Joey alles in Ordnung sein. Er dachte jetzt an seinen Bruder, sah sein unbefangenes Lächeln. Die Zweifel, mit denen er gekämpft hatte, bevor er Joey das erste Mal erlaubt hatte, mitzumachen, kehrten zurück. Genau jene Möglichkeiten, die jetzt wirklich existierten, hier, Fakten, die in Bewegung geraten waren. Aber Joey war sein Bruder... und er hatte nirgendwo sonst wirklich etwas geleistet. Er hatte sein Studium abgebrochen und geheiratet, und bald schon war seine Ehe in die Brüche gegangen. Jetzt verfluchte Martin die logische, vernünftige Entschlossenheit, die ihn davon überzeugt hatte, daß diese Arbeit Joey helfen könnte. Warum um Himmels willen hatte er nicht auf sein Gefühl gehört?

Er parkte den Wagen rasch, aber ohne Lärm vor dem heruntergekommenen Fachwerkhaus, das in schäbigen Neonlettern mit den Worten HARBOR HOTEL protzte. Er trat ein, ging am Hotelportier vorbei und nahm die fünfzehn mit grünem Teppich belegten Stufen zum zweiten Stock in drei Sätzen. Zimmer 217 lag auf der Hälfte des Flurs links. Die schwache Tür ließ sich leicht mit einem Fußtritt öffnen. Das Zimmer war nur schwach erleuchtet, aber er sah, daß er zu spät gekommen war.

Er wußte, daß die Gestalt auf dem Boden neben dem Bett Joey war, aber er ging erst, ohne stehenzubleiben, zum Bad, stieß die Tür auf, sah, daß es leer war, und schaute dann in den Schrank in der Ecke. Dann sah er den Körper auf der anderen Seite des Bettes, neben dem schäbigen Toilettentisch aus Eichenimitat. Die linke Seite des Mannes war an die Schrankwand gepreßt, als habe ihn die Kraft der Kugel, die ihn getötet hatte, dagegengeworfen. Er griff nach der Schulter des Mannes, drehte ihn herum und sah die dunkle Latino-Totenmaske.

Martin drehte sich um, ging zur anderen Seite des Betts und beugte sich jetzt zu Joey hinab. Er atmete. Vielleicht bestand eine Chance. Aber dann sah Martin die klaffende Wunde in Joeys Brust und erkannte, daß er wahrscheinlich keine Chance hatte. Er drückte die Hände ans Gesicht seines Bruders.

»Junge, kannst du mich hören?«

Joey stöhnte, und als er die Agonie in der Stimme seines Bruders hörte, spürte Martin den schrecklichen, übelkeiterregenden Krampf bis ins Mark.

»Joe, ich bin's, Marty. Kannst du mich hören, Bruder?«

Die Augen öffneten sich langsam, verschleiert, auf keinen festen Punkt konzentriert. Sterbende Augen. Seine Stimme war kaum hörbar. »Ich muß dir sagen ... was ich getan habe ...«

Martin konnte nur still zuhören. Er weinte.

»Campos und ich ... wir haben den Männern ... manchmal ... Koks mitgegeben.«

»Mein Gott ... Joey ...«

»Wenn sie nicht zahlen konnten, sagte Campos zu ihnen ... ›Ihr nehmt das jetzt mit ... in eurer Tasche, dann fahrt ihr umsonst.‹ Martin, jemand ist hinter uns her ...« Blut rann aus Joeys Mundwinkel.

In Martins Kopf wirbelte alles durcheinander. »Aber Baby, warum haben sie auf dich geschossen? Sie haben Campos erschossen. Was geht hier vor?«

»Heute abend ... hab' ich ihnen gesagt: ›Wo ist der Stoff? Gebt ihn her.‹ Sie haben sich dumm gestellt ... als wüßten sie's nicht. Ich schloß die Tür ab, zog meinen Revolver. Ich hab' gesagt ... ›Ihr geht nirgends hin, bis ich den Stoff habe.‹ Einer von beiden zog eine Pistole. Wir drückten beide ab ... Marty, werde ich sterben?«

Joey starb.

Martin ging aus dem Zimmer, sah fast nichts vor Tränen, ging die Treppen hinunter und trat auf die Straße. Er ging langsam zu seinem Wagen, wischte sich die Augen und sagte sich, daß er jetzt handeln mußte. Aber als er entschlossen die Tür geöffnet und sich in den Wagen gesetzt hatte, erlaubte er sich, einen Moment lang zusammenzubrechen – bei immer noch offener Wagentür, mit geballten Fäusten, gesenktem Kopf, der fast das Lenkrad berührte. Er schluchzte einige Minuten lang hemmungslos. Langsam kehrte die Beherrschung zurück, und schließlich legte er die Hände aufs Steuer und versuchte, sich eine leere, weiße Wand vorzustellen.

Aber da blitzte ein anderes Bild auf und machte den Versuch, sich zu beruhigen, zunichte. Es war das Schimmern von Silber. Sein Rücken spannte sich langsam an, und er unterdrückte einen unwillkürlichen Laut, der ihm in die Kehle stieg. Silber, das einen Moment lang im Licht der Straßenlampe aufgeblitzt hatte, als er in den Wagen stieg. Jetzt drückte sein Kopf fünfzig Pfund schwer gegen das Steuer. Er war sicher. Die Türverriegelung auf dem Rücksitz hinter dem Fahrer ...

sie war verriegelt gewesen. Jetzt nicht mehr. Dieses Glitzern der Straßenbeleuchtung. Jetzt war der Verriegelungsknopf oben. So wie es manchmal geschieht, wenn zu viel zu schnell über einen hereinbricht, bestand Martin in diesem Augenblick nur noch aus Reaktion. Eine Überlebensmaschine. Er wandte den Kopf ganz leicht nach links, die Stirn immer noch auf dem Lenkrad. Seine rechte Hand bewegte sich zum Gürtel, wo sich die kleine Pistole befand, während er den linken Arm, die Autoschlüssel fest in der Faust, durch die offene Wagentür streckte und die Schlüssel mit einem kurzen metallischen Klirren auf den Beton fallen ließ.

»Scheiße«, murmelte er absichtlich leise und warf, während er sich nach draußen beugte, um die Schlüssel aufzuheben, einen raschen Blick in die Lücke zwischen der Seite des Sitzes und der Wagenwand. Was er sah, reichte. Anderthalb Zentimeter blaues Hosenbein. Die Spitze eines braunen Hartsohlenschuhs. Während er sich allmählich aufrichtete und in den Wagen zurückzog, wanderte sein rechter Arm mit der Waffe wie ein kleines, vom Rest des Körpers abgetrenntes Tier in einem steifarmigen Bogen über den Sitz und krümmte sich dann zum Bogen hinter dem Vordersitz hinunter. Er feuerte einmal, bewegte seinen Arm zwölf Zentimeter weiter nach oben und feuerte noch einmal. Hinten war kein Laut zu hören. Martin stieg aus dem Wagen und bog langsam in eine nahe gelegene Seitengasse. Ein paar Minuten später begann er zu rennen.

Patricia näherte sich jetzt dem Grenzübergang und fuhr den Weg zurück, den sie erst kurz zuvor gekommen war. Bislang war sie noch nicht dazu gekommen, sich Sorgen zu machen, wie sie nach Mexiko zurückkehren wollte, ohne daß Tate lächelnd beide Augen zukniff, sogar ohne eine plausible Geschichte. Sie würde die Grenze allein passieren, mit nichts außer ihrem völlig legalen und gültigen Führerschein – und der Leiche im Kofferraum. Nein, jetzt war sie damit beschäftigt, sich noch einmal die Szene vor dem Harbor Hotel zu vergegenwärtigen, als sie noch einen Moment mit den Männern im Wagen gesessen hatte, bevor sie sie zu Joey hinaufschickte. Sie hatte versucht, ihnen in ihrem unbeholfenen Spanisch zu erklären, wo sie waren und warum. Durch das Gespräch mit Martin beruhigt, war sie wieder fähig gewesen, noch einmal mit den Männern zu sprechen, als sie sich vor dem Hotel zu ihnen umdrehte – sogar mit einem kleinen Lächeln.

»*Aqui espera un amigo*«, hatte sie gesagt. Das war ihr immer der liebste Teil der Reise. Wenn es Zeit war zu sagen: »Jungens, von hier an seid ihr eigentlich in Sicherheit.« Aber in ihrem miserablen Spanisch war es mehr oder weniger so weitergegangen: »Dieser Freund ist ein guter Mensch. Vielleicht werdet ihr jetzt keine Probleme haben ... er ... mit ihm ...« Sie hatte aufgehört, verwirrt, hatte fast vor sich hin gekichert, als sie sich zu erinnern versucht hatte, was »werdet ihr gehen« hieß. Die Kommunikation zwischen dem Mann auf dem Vordersitz und einem der beiden Männer auf dem Rücksitz hatte sie nur teilweise beachtet.

Hatte der Mann vorn gesagt: »*Cuando?*« Wann?

Sie hatte deutlich die Antwort gehört: »*Nunca.*« Die Augen des Manns auf dem Rücksitz hatten geglüht. »*No me pagan bastante.*« Überhaupt nicht, die zahlen mir nicht genug. In jenem Moment hatte sie diese Bemerkung, die sie nur halb gehört und über die sie sich keine Gedanken gemacht hatte, für eine mögliche Anspielung auf sein Land gehalten. Er würde nie zurückkehren, weil er bei den tristen Wirtschaftsverhältnissen dort nicht genügend Lohn für seine Arbeit bekam. Sie hatte ihre zusammengestotterte »Willkommen-in-Kalifornien«-Reiseführer-Ansprache genauso schlecht zu Ende geführt, wie sie sie begonnen hatte, und ihnen gesagt, sie sollten jetzt hinaufgehen. »Zimmer Nummer *dos-cientos-diez-y-siete*«, hatte sie herausgebracht. Mein Gott, war sie unerfahren. Sie hatten einen Moment gezögert, im Wagen gesessen, sie angeschaut, einander angeschaut und waren dann ausgestiegen. Sie hatten überlegt, ob sie sie umbringen sollten.

Martin war ohne Unterbrechung gerannt, mit wilder Entschlossenheit, fast fünfzehn Minuten lang durch Sackgassen und verlassene Straßen. Er hatte einen Umweg gemacht, indem er einige Blocks weit durch eine etwas belebtere Straße gelaufen war, um St. Andrews zu erreichen. Unten an der Seitentreppe zum Sprechzimmer im Parterre des alten Gebäudes, wo Schwester Margarite warten würde, hatte er gegen die Tür gehämmert, und als sie geöffnet hatte, hatte er heftig atmend herausgestoßen: »Abendessen fällt aus!«, und war wieder die Treppe hinaufgerannt.

»Martin!« hatte sie gerufen und eine Erklärung verlangt. Er hatte sich schnell umgedreht. »Öffnen Sie diese Tür niemandem, nicht einmal Pat oder mir, bis ich Sie anrufe und sage, daß es wieder sicher ist.«

Jetzt, da er seinen Schritt verlangsamte und die letzten drei Blocks zu der Dachwohnung in der »C«-Street hinter sich ließ, die Abkürzung durch das Downtown gelegene Bordellviertel nahm, voller Matrosen, lärmender Bars und grellen Pornoshops, dachte er bei sich, mein Gott, laß sie in Sicherheit sein. Er wußte, daß es keiner von ihnen war. Und doch fühlte er sich hier eigenartig sicher. Musik und Gelächter drangen aus den Bars. Die Nutten auf den Gehwegen boten feil, was sie gerade zu verkaufen hatten, und ein paar Dinge, die sie nicht hatten. Das helle Neonlicht an fast jeder Ladenfront und jedem Etablissement schuf beinahe Wärme. Das Leben ging hier weiter wie üblich, und für einige Minuten erlaubte er seinem Hirn aufzuhören, jeden einzelnen Moment abzuhaken, und ließ sich in der Illusion dahintreiben, es sei alles okay.

Aber als das dunkle Ende der Straße näher kam, wurde die Musik leiser, es gab kein Neonlicht mehr, und die Realität, mit der er konfrontiert wurde, dröhnte wie ein Hammer in seiner Brust. Er bog in eine Gasse, rannte den letzten Block und durchquerte ein leeres Grundstück, um auf der Straße direkt gegenüber der Dachwohnung herauszukommen. Das kleine Lebensmittelgeschäft unten war um diese Zeit dunkel und leer. Das Vorderfenster der Dachwohnung über ihm war ebenfalls dunkel. Gut oder schlecht? Wer konnte das zu diesem Zeitpunkt wissen?

Martin ging über das leere Grundstück zurück und bog wieder in die Gasse, rannte, ohne daß es ihn anstrengte, zur ersten Querstraße, dann zu der Gasse auf der anderen Seite der »C«-Street hinüber und hinunter zur Rückseite der Dachwohnung. Er hatte jetzt den Anfang eines Plans im Kopf. Ruhig. Eine vernünftige Entscheidung treffen. Alle Eventualitäten einplanen, sagte er sich selbst.

Einige Monate zuvor hatte Mr. Davilla, dem das Lebensmittelgeschäft gehörte und der ihnen die Dachwohnung zur Verfügung stellte, Martin von einem Wagen berichtet, der etwas weiter unten jeden Tag mehrere Stunden lang parkte, bevor er wegfuhr. Martin wußte, daß Davilla ein sehr alter Mann war, vielleicht auch ein wenig von der mitempfundenen Aufregung berauscht. Er war, wie er sicherlich glaubte, in ein »geheimes Flüchtlingstransportunternehmen« verwickelt.

Martin hatte sich um jene Mitteilung nicht gekümmert. Vielleicht hatte Davilla ja recht. Aber der Wagen war, schlimmstenfalls, eine Sittenstreife, um alle Wohnungen und Geschäfte in diesem Block zu beobachten. Viele hatten alles andere als einen guten Ruf. Martin hatte mit der Gruppe diskutiert, was sie tun würden, wenn ihnen die Einwanderungsbehörde tatsächlich auf die Spur kam. Sie hatten viele Möglichkeiten überlegt und wieder verworfen. Die meisten kamen ihnen bei genauerer Betrachtung lächerlich vor. Verhaftet ist verhaftet, und wenn *la Migra* ihnen auf die Schliche kam, mußten sie einfach aufhören. Das Treffen war dann in ein allgemeines Männergespräch ausgeartet.

Eine Idee jedoch war ihnen vernünftig vorgekommen und möglicherweise nützlich. Martin hatte sie einerseits aus diesem Grund akzeptiert, aber auch deshalb, weil sie von Joey gestammt hatte – Joey sprudelte nicht gerade vor Ideen über, und als ihm der Gedanke gekommen war, hatte er sie sprachlos angestarrt wie ein Mensch, der gerade eine göttliche Eingebung erhalten hat, und gesagt: »Umstellen der Anrufe zur Dachwohnung.« Selbst Pat hatte Joey für die Schlichtheit seiner Idee gelobt, und die beiden geizten normalerweise mit Komplimenten, die den andern betrafen. Joey hatte ferner vorgeschlagen, sie könnten die Kommunikationszentrale jede Woche an einen anderen Ort verlegen, indem sie alle eingehenden Telefonanrufe zu verschiedenen Zimmern des Harbor Hotels weiterleiteten oder sogar nach St. Andrews und *la Migra* so wirklich auf Trab hielten.

Jetzt war Martin für diese technische Einrichtung unendlich dankbar. Er schlich langsam die Außentreppe zur Dachwohnung hinauf und überlegte, wie leicht es sein würde. Er würde einfach alle Anrufe in die Telefonzelle an der Ecke umleiten. Dort würde er auf Pattys Anruf warten und gleichzeitig unauffällig die Dachwohnung im Auge behalten können, falls der übriggebliebene Rüpel aus dem Transport den Drang verspüren sollte, Hand an jemanden zu legen. Gelobt sei das gute alte Telefon, sagte er ein paarmal leise vor sich hin, während er die Tür zur Dachwohnung aufstieß.

Er ging tief in die Hocke, um zu verhindern, daß er gegen die helle Mondnacht draußen ein leichtes Ziel abgab, aber ein automatischer, animalischer Instinkt gab ihm die Gewißheit, daß das Dachzimmer leer war. Trotzdem schaltete er weder Licht an, noch trieb er sich im Zimmer herum, sondern kroch schnell, lautlos, dem Gefühl nach zum Telefon neben dem Sessel. Er hämmerte rasch ein paar Zahlen ein und war in wahrscheinlich weniger als sechzig Sekunden wieder nach draußen auf den Treppenabsatz zurückgekrochen. Er hätte am liebsten vor sich hin gepfiffen. Langsam! Sie würden es schon schaffen. Das gute alte Telefon sei gelobt und gepriesen. Aber als er die Treppe hinunterstieg, hörte er Joeys aufgeregte Stimme: »Das wird *la Migra* auf Trab halten!«, und eine Welle von Traurigkeit und Wut überschwemmte ihn. Um ehrlich zu sein, betraf ein Teil der Wut Joey genauso wie seine Mörder. Dummer Junge. Koks auf den Transporten... so gefährlich. Dummer, süßer Junge.

Als er um die Ecke der Gasse bog und die Telefonzelle sah, überlegte er: Konnten die Männer vom Rauschgiftdezernat gewesen sein? Hatten sie Campos' und Joeys Spiel durchschaut? Sicherlich würden die nicht so leicht jemanden umbringen. Aber immerhin hatte Joey gesagt, er habe sie bedroht. Aber Campos? Warum hatten sie ihn umgebracht?

Martin sah sich rasch um und betrat die Telefonzelle. Er schloß die Tür hinter sich und merkte, wie deutlich er durch das Licht und die Glastüren zu sehen war. Als er sich umdrehte, packte ihn sofort Enttäuschung. Der Hörer war weg. Abgeschnitten. Martin stieß heftig die Tür auf und ging zur Gasse zurück. »Soll doch der Teufel das Telefon holen!« murmelte er und schüttelte den Kopf.

Patricia hätte sich nie vorgestellt, daß sie eines Tages an einer muffigen Bar in einer Taverne in Tijuana namens *El Gallito Loco*, das verrückte kleine Huhn, sitzen würde, aber man hatte ihr gesagt, Nico könnte da sein. Er war da.

»*No sé nada*«, wiederholte er etwa zum fünften Mal. Pat wollte ihm nicht glauben, daß er nicht das geringste darüber wußte, was mit Jose Campos und den drei Männern passiert war, die eigentlich zu dem Transport gehört hätten und die, wie sie allmählich annahm, irgendwo sein mußten. Aber auch von der Familie Campos hatte sie keine Informationen bekommen.

Die Szene in Joses Haus war schlimmer gewesen, als sie sich gewagt hatte vorzustellen. Eine unbestimmte Zahl älterer Frauen war dagewesen, mindestens sechs oder sieben, und als sie es ihnen gesagt hatte, hatten alle wie auf ein Stichwort hin zu jammern und zu schreien begonnen. Hatten Sie es schon gewußt? Hatte sich die Familie versammelt, weil einer von ihnen gestorben war? Auch viele Kinder; sie weinten ebenfalls. Und die Männer, sie hatte fünf gesehen, der jüngste vielleicht siebzehn, der älteste alterslos und grau. Sie hatten schweigend mit dunklen, trockenen Augen herumgestanden, während die Frauen jammerten und die Kinder weinten. Sie hatte gedacht, wie stark und ausdrucksvoll und männlich die Hände der Männer aussahen und wie sie jetzt doch so völlig kraftlos seitlich herunterhingen.

Sie hatte es hinter sich bringen und weggehen wollen, aber dann war ihr mit einem gräßlichen flauen Gefühl im Bauch eingefallen, daß Campos Leiche noch immer im Kofferraum des Wagens lag. Sie hatte sich nicht überwinden können, ihn selbst herauszuholen. Einen verrückten Augenblick lang hatte sie sich vorgestellt, wie sie ihnen sagen würde: »Entschuldigt mich einen Moment, ich hole jetzt seine Leiche«; und dann könnte sie vielleicht wegfahren und jemanden dafür bezahlen, daß er ihn auf den Rücksitz legte. Aber in jenem Augenblick hatte sie nichts tun können. Der Gedanke, wie das auf diese alten Frauen wirken würde, hatte ihr Übelkeit verursacht, und sie hatte schließlich doch versucht, es besser zu machen, hatte zwei der Männer beiseite genommen und sie um Hilfe gebeten. Sie waren zum Wagen gegangen, und Patty hatte den Kofferraum geöffnet. Der Schrecken vom ersten Mal war nicht mehr dagewesen. Dies war ihr Freund Jose. Sie hatte ihn nach Hause gebracht. Sie hatte ihnen geholfen, die Leiche herauszuheben.

Die Frauen waren jetzt auf die große vordere Veranda gekommen und sahen, was Patricia ihnen gern erspart hätte. Aber es schien okay zu sein. Ihre Schreie, ihre Tränen, als sie in den Hof hinauseilten, galten alle ihm. Es gab weder Raum noch Bedarf für eine Sorge darüber, wie er heimgekommen war. Sie waren voller Liebe zu Jose, wie sie auch, dachte Patricia. Aber sie hatten es gewußt. Ihr Gefühl, da war sie ganz sicher, hatte ihnen gesagt, daß er tot war.

Jetzt studierte sie Nico, der neben ihr an der Bar saß. »*No sé nada, chica*«, sagte er. Er starrte geradeaus auf die Reihen billiger Tequila- und Bourbonflaschen hinter der Bar. Sein dunkles Haar sah feucht und schmutzig aus, und er hatte einen schlechten Teint. Er zog an der Zigarre, legte sie wieder hin und beobachtete die winzigen Blasen, die in der Bierflasche aufstiegen, wobei er Patricia offensichtlich im Auge behielt.

Seine Unwissenheit, das wußte sie, war vorgetäuscht. Warum sprach niemand mit ihr? Nico wußt etwas. Deshalb bezahlten sie ihn, weil für ein paar Dollar jeder etwas von Nico erfahren konnte. Er war ein guter Zuhörer. Und ein Trinker, dachte sie. Aber er hatte sein Ohr immer an irgendeiner geheimen Eisenbahnschiene und nahm die Erschütterungen wahr. Er schien alles zu wissen, was irgendwo passierte. Und jetzt behauptete er, er wisse nicht, von wem Campos, sein Freund, umgebracht worden war. Patricia hatte Nico nie gemocht. Erneut sah sie ihn voller Enttäuschung an.

Er war ein kleiner Mann, dünn und knochig. Klein genug, daß Patty sich gute Chancen ausrechnete, die Informationen physisch aus ihm herauszupressen. Sie war zwar selbst nur einen Meter fünfundsechzig groß, aber in ihrer wachsenden Wut und Enttäuschung dachte sie an die kleine Pistole, die sie in ihrer Tasche bei sich trug. Konnte sie ihn irgendwie dazu bringen, mit ihr nach draußen zu kommen? Aber sie wußte, daß dies nicht realistisch war. Sie stand auf, wandte sich ab und verließ das *El Gallito Loco*. Sie mußte sich die Information von jemand anderem holen.

Auf der Straße lief sie niedergeschlagen durch die bunten, baufälligen Häuser Tijuanas und dachte wie immer, wie hart das Leben hier sein mußte. Oder auch nicht: Menschen sind anpassungsfähig und gewöhnen sich leicht an das Schlimmste, das wußte sie. Es waren wenig Leute auf der Straße, selbst für TJ um Mitternacht.

Dann trat ein junger Mann aus einer zehn Meter entfernten Taverne ins Dunkel heraus. Er sah sich um, warf einen Blick in ihre Richtung und begann auf sie zuzugehen. Erst hatte sie Angst, aber als er näher kam, erkannte sie in ihm einen der jüngeren Männer, die sich in Jose Campos' Haus versammelt hatten.

»*Te busco*«, sagte er, drehte sich um und lief neben ihr her. Er hatte sie gesucht.

»*Por que?*« fragte sie und sah ihm ins Gesicht.

»Jose Campos«, fuhr er auf spanisch fort, während sie Mühe hatte, die Worte zu verstehen, »er hat uns das Leben gerettet. Meine Brüder, Gustavo, Mario und ich, waren bei ihm. Da kamen drei Männer. Sie haben mit ihm gesprochen. Sie haben sich gestritten. Jose drehte sich um und sagte zu uns: ›*Corre!* Lauft!‹, und das taten wir. Sie haben ihn erschossen. Er hat uns das Leben gerettet.«

»Ihr wart die Männer, die ich rausbringen sollte!« sagte sie auf englisch zu ihm. »*Ustedes son del Salvador?*«

Er nickte schweigend.

»Wer waren diese Männer?« fragte sie in der Hoffnung, schließlich doch noch jemand gefunden zu haben, der bereit war zu sprechen.

»Nico sagt, sie haben einen Mann in Mexico City ermordet.« Seine Miene war ernst.

Patricia drehte sich um und ging, ohne sich bei dem Jungen zu bedanken, schnell, entschlossen zum *El Gallito Loco* zurück. Sie glühte vor Wut, war aschgrau im Gesicht. Sie stieß die Tür zur Bar auf und sah Nico immer noch an der Theke sitzen. Sie trat neben ihn. Er wandte sich um, sah sie und hob rasch in einer Geste gutmütigen Unmuts die Hände.

»*Chica*, ich habe es dir doch gesagt«, meinte er, »*no sé nada* –«

Sie hatte sie Hand in der Tasche. Sie holte die Pistole heraus, umklammerte den Kolben, daß der Lauf wie ein Hammer herausschaute, und schlug ihn Nico hart seitlich ans Gesicht. Auf eine solche Attacke überhaupt nicht vorbereitet, geriet er aus dem Gleichgewicht und ging durch den starken Stoß zu Boden.

»Rede«, sagte sie und starrte mit wildem Blick auf ihn hinunter.

»Es waren *asesinos*«, sagte er und sah nicht sie an, sondern die Waffe, die sie immer noch in der Hand hielt.

»Wen haben sie in Mexico City umgebracht?« verhörte sie ihn.

»Ortega«, erwiderte er ohne zu zögern.

Ihr drehte sich der Kopf, als sie diese Information hörte. Manuel Ortega leitete eine Rebellengruppe, die sich in Opposition zu dem mexikanischen Präsidenten Miguel de la Madrid befand.

»Für wen haben sie gearbeitet?«

»*No sé*«, Nico sah wieder blitzschnell auf die Pistole.

Patricia trat auf die Finger seiner rechten Hand, die reglos neben ihm lag.

»*No sé! No sé! En serio, ne sé, chica!*«

Patricia drehte sich um, ließ ihn liegen und verließ die Bar zum zweiten Mal. Auf der Straße sah sie auf ihre Uhr. Es war 12 Uhr 50. Sie stürmte vorwärts und suchte ein Telefon. Jetzt würde sie Martin anrufen. Er mußte es erfahren.

Wieder stieg Martin die Treppe zur Dachwohnung hinauf. Er wußte, daß es bald ein Uhr war, und er konnte es sich nicht leisten, Pattys Anruf zu versäumen. Sie mußte erfahren, daß sie jetzt in Deckung gehen mußte. Sie hatte keine Ahnung, wie weit diese Sache außer Kontrolle geraten war. Langsam öffnete er die Hintertür, duckte sich wieder und tastete sich so über den Teppichboden zum Telefon neben dem Sessel, in dem er noch wenige Stunden zuvor so bequem geschlafen hatte. Er stellte das Telefon gerade rechtzeitig, bevor es klingelte, wieder um.

»Patty, alles in Ordnung?«

»Mir geht's gut, hör zu, Martin –«

»Nein. Warte. Ich muß dir einiges sagen«, unterbrach er sie. »Joey und Campos haben den Leuten auf den Transporten Drogen mitgegeben. Joey ist tot. Zwei der Männer vom Transport sind tot. Ich bin sicher, daß der dritte nach mir sucht. Ich denke, jemand hat das mit den Drogen herausgefunden, und vielleicht haben sie sich eingeschmuggelt, um es zu überprüfen und –«

»Nein, Martin. Hör zu. Ich habe mit einem der richtigen Salvadorianer gesprochen, die ich hier treffen sollte. Ich hatte auch ein Gespräch mit Nico. Sie waren auf der Flucht aus Mexico City. Jemand hat Manuel Ortega umgebracht. Martin, diese Kerle waren bezahlte Killer.«

»Mein Gott . . .« Martin schwieg, um alles zu verarbeiten.

»Wir werden es nie beweisen können, aber ich denke, Nico hat uns reingelegt.« Ihre Wut war immer noch deutlich zu spüren. »Was tun wir jetzt?«

»Ich fürchte, wir haben nur eine Möglichkeit.« Martin, der immer noch auf dem Boden kauerte, lehnte sich mit dem Rücken an die Lehne des schweren, gepolsterten Sessels. »Ich möchte, daß du die nächsten vierundzwanzig Stunden bleibst, wo du bist.«

»Ich komme jetzt zurück.« Die Entschlossenheit in ihrer Stimme war nicht zu überhören. »Du könntest mich brauchen.«

»In Ordnung.« Martin dachte über einen sicheren Platz nach, wo er sich mit ihr treffen konnte. Er faßte einen raschen Entschluß. »Langley Pier. Zwei Uhr«, sagte er.

»In Ordnung.«

»Komm ohne den Wagen.«

»Okay.«

»Und sei vorsichtig, Kleines.« Er legte leise den Hörer auf und lehnte den Kopf gegen das Leder zurück.

Eine Stimme kam von irgendwo aus dem Dunkel der Dachwohnung. »Sie ist ein attraktives Mädchen. Wie ist sie im Bett?«

Martins rechte Hand bewegte sich zum Gürtel und fand die Pistole. Jetzt konnte er in der Ecke die Umrisse eines Manns sehen, der in einem Sessel saß, eine gesichtslose Silhouette im schwachen Mondlicht, das zur offenen Tür hereinfiel. Martin ließ etwa fünfzehn Sekunden verstreichen. Er wußte, daß der Mann bewaffnet sein würde. Er zog seine eigene Waffe, hielt sie aber unter dem Jackett in der Hand verborgen. »Was wollen Sie?« Martin kannte die Antwort. Er versuchte, Zeit zu schinden.

Die Stimme sprach erneut, und Martin sah einen kleinen Schimmer reflektierten Lichts, vielleicht von einer Kontaktlinse.

»Mr. West, ich brauche ein Schweigegelübde. Für Ihr Land...«
»Für *mein* Land?« Martin war ungläubig. Einige Sekunden verstrichen, dann fragte er: »Wer sind Sie?«
»Was würden Sie meinen?« Die Frage wurde ruhig gestellt, ohne daß sich die Stimme veränderte.

Martin hörte das Rascheln von Stoff und spürte die Armbewegung des Mannes, bevor er sie in dem schwachen Licht wirklich sehen konnte. Er hob rasch den Arm, schnell, reflexartig, zog sich hinter den Sessel zurück und drückte auf die Gestalt in der Ecke ab. Der Mann fiel schwer zu Boden.

Martin stand vorsichtig auf, um die Deckenbeleuchtung anzuschalten. Der untersetzte Latino war tot und lag ausgestreckt auf der Seite. Martin durchsuchte seine Taschen und sah, daß er keinen Ausweis bei sich hatte. Er drehte den Kopf des Mannes um und schloß ihm mit den Fingern der linken Hand die Augen. Er sah in dieses jetzt ausdruckslose Gesicht und sprach eine Wahrheit aus, die sowohl er als auch sein Gegner gekannt hatte: »Nur Tote halten ein Schweigegelübde ein.«

Er wartete auf sie am Ufer, auf dem Sand im Schatten des Langley-Piers. Während er dasaß und die kleinen Wellen auf den Strand spülen sah, war er ganz in seine Gram versunken, in die Gedanken an alles, was in der letzten Nacht zerstört worden war. Er spürte kaum ihre Hand auf der Schulter, als sie sich neben ihm niederließ und auf den weichen, dunklen Strand setzte.

»Es tut mir so leid...«, sagte sie. Er antwortete nicht, sondern starrte weiter auf den Ozean hinaus, während der Mond langsam unterging. Als die Morgendämmerung nahte, redeten sie.

»Was tun wir jetzt?« fragte sie.

»Wir warten«, sagte er.

Möwen fingen an zu schreien und über der kleinen Bucht zu kreisen. Im Osten stieg Licht auf.

»Glaubst du, es sind noch mehr?« fragte sie.

»Vielleicht.« Sie standen auf, er legte den Arm um sie, und dann gingen sie zusammen den sanft ansteigenden Strand hinauf zur Straße, die an die ruhig in der Morgendämmerung liegende Stadt grenzte.

An der Ecke des ersten Häuserblocks, dem sie sich von der Bucht her näherten, stand eine Telefonzelle. Martin nahm den Hörer ab, warf eine Münze ein und wählte. Während er auf das Klingelzeichen achtete, zog er Patricia an sich. Bitte, Gott, bitte gib, daß noch etwas heilig ist.

»Ja?« kam die vertraute Stimme. »Schwester Margarite –«, begann er.

»Martin, um Christi willen! Warum haben Sie denn nicht angerufen? Alles in Ordnung? Ich war die ganze Nacht – «

»Schwester Margarite, könnte die Mission heute abend zwei Leute zum Essen aufnehmen?«

San Diego Dilemma © 1987 by Michael Mulder

Eine berufstätige Frau
Harold D. Kaiser

Was geschieht, wenn ein Top-Krimineller von einem noch raffinierterem Gegenüber über den Tisch gezogen wird und seine eigene Medizin zu schlucken bekommt? Das war der Ausgangspunkt, der Harold D. Kaiser, einen Wissenschaftler und Spezialisten für Halbleitertechnologie beim Computer-Giganten IBM, zu seiner Kurzgeschichte inspirierte.

Ginos Bar war überfüllt, verqualmt und laut. Ein typischer Samstagabend. Die beiden Männer saßen an einem der hinteren Ecktische, von wo aus sie den Eingang und die Tür der Herrentoilette im Blick hatten. Sie saßen mit dem Rücken zur Wand; nicht, weil es heute abend einen bestimmten Grund dafür gab, sondern weil sowohl Rocco Manelli als auch »Knie« Cardone frühzeitig im Leben gelernt hatten, nie den Rücken schutzlos preiszugeben.

Beide waren entspannt, aber Cardones Blick überprüfte automatisch, was um sie herum vorging. Es war sein Job, dafür zu sorgen, daß Manelli nichts passierte, und er nahm seinen Job ernst. Auch Manellis Blick schweifte prüfend durch den Raum, aber aus einem anderen Grund. Er wollte sich heute abend amüsieren. Er reckte sich ausgiebig.

»Wirklich ein gutes Gefühl, daß wir diesen Scheißkerl Vitelli nicht mehr auf dem Hals haben. War eine nette Beerdigung, die sie da für ihn veranstaltet haben. Mehr als dieser Mistkerl verdient hat, nachdem er versucht hat, sich dermaßen in unsere Geschäfte einzumischen.«

»Ja, klar, Rocco.« Knie klang etwas unsicher.

»Was ist denn los?«

»Nichts, Rocco. Ich bin bloß nicht sicher, ob es nötig war, ihn so zuzurichten. Wenn das sein Bruder Vinnie rauskriegt, könnte er auf dumme Gedanken kommen.«

»Wie soll er's denn rauskriegen? Niemand hat gewußt, daß uns Vitellis Pläne bekannt waren. Außerdem haben wir uns ja diese Schmalzlocke aus Houston geholt, die nicht mal wußte, wer den Vertrag gemacht hat. Der ist jetzt wieder im *barrio* und ißt *tamales*.«

»Ja, wahrscheinlich. Trotzdem solltest du's mich tun lassen. So bliebe es in der Familie.«

»Nichts riskieren, Knie. Glaub mir, auf uns beide fällt kein Verdacht. Vergiß es. Du machst dir zuviel Gedanken.« Eine Drei-Mann-Combo fing an, sich an »Body and Soul« zu vergreifen, und eine übergewichtige Blondine schnappte sich ein Mikro und begann im festen Glauben, sie singe, hineinzukreischen.

»Mein Gott, da klingen ja Katzen schöner, wenn sie sich prügeln. Gino sollte es eigentlich besser wissen.«

Manelli brummte vor sich hin.

»Wer kommt schon wegen der Musik hierher? Außerdem ist sie seine Schwägerin, und Rosa hat gesagt, gib ihr 'ne Chance. Du kennst Rosa ja.«

»Yeah, wenn ich Gino wäre, gäb ich Rosa 'ne Chance.«

»Paß auf, was du sagst.«

Sein umherschweifender Blick blieb plötzlich an einem Tisch auf der gegenüberliegenden Seite des Podiums hängen.

»Hey. Schau dir das an.«

»Wo?«

»Dort. An dem Tisch neben Fanelli und seinem Flittchen. Und ganz allein.«

»Ja. Hey, die ist okay. Aber die hab ich hier noch nie gesehen. Möchte wissen, wer das ist.«

»Ganz einfach.« Manelli nickte einem vorbeigehenden Kellner zu.

»Gus, wer ist denn dieses tolle Weib im schwarzen Kleid dort an dem Tisch neben Fanelli?«

Der Kellner blickte in die angegebene Richtung.

»Ach, das ist Mrs. Bondino. Angie. Sie ist neu hier. Aus Chicago, wie ich gehört habe.«

Cardone richtete sich in seinem Stuhl auf.

»Bondino. Bondino. Ich überlege grade. Rocco, erinnerst du dich an jenen Harry Bondino, den Vollstrecker, der vor ein paar Monaten selber aus dem Verkehr gezogen wurde? Ein paar von Dutch Lachners Jungs haben ihn umgelegt, weil er versucht hat, Dutch reinzulegen. Es hieß, daß Moozie Sanchez dahintersteckte, weil er Dutchs Kokshandel übernehmen wollte. Gleich danach kehrte Moozie nach Mexiko zurück. In einer Kiste.«

Gus nickte. »Das paßt. Ich hab gehört, sie wär Witwe.«

Manelli leckte sich die Lippen. »Eine Witwe, schau schau. Das sind die Besten. Aber was zum Teufel macht sie hier?«

Cardone zuckte die Achseln. »Es heißt, Dutch wäre ziemlich wütend gewesen und hätte gedroht, jeden alle zu machen, der Bondino bloß gekannt hat. Vielleicht dachte sie, ein bißchen Distanz wäre gesünder.«

Manelli grinste. »Auf mich wirkt sie jedenfalls ziemlich gesund. Gus, warum gehst du nicht mal rüber und schaust nach, was die kleine Lady trinkt. Grüße von Rocco Manelli.«

»Ich werde fragen, Mr. Manelli. Aber sie hat schon ein paar Körbe verteilt.«

»Überzeug' sie. Und wenn sie Interesse zeigt, bitte sie, zu uns zu kommen. Sag ihr, daß dieser Tisch hier viel besser ist.«

Sie sahen zu, wie Gus sich seinen Weg durch den überfüllten Club bahnte und sich weit zu dem Mädchen hinabbeugte, um sich verständlich zu machen. Plötzlich drehte sie den Kopf, wobei ihr weiches, kastanienbraunes Haar aufleuchtete, und spähte durch das Halbdunkel in ihre Richtung. Manelli hob sein Glas. Sie lächelte und nickte. Gus machte eine Bewegung, als wolle er sie begleiten, aber sie erhob sich geschmeidig, legte eine Hand auf seinen Arm und sagte ein paar Worte zu ihm. Er nickte, und sie setzte sich in Bewegung.

Manelli murmelte Cardone zu: »Steh auf, du Affe, und biete ihr einen Sessel an.«

Knie grinste. »Mit allem Drum und Dran, wie?«

»Guten Abend, Mrs. Bondino. Sie haben irgendwie einsam ausgesehen, so ganz allein dort drüben, deshalb dachte ich, Sie würden sich vielleicht zu einem Drink und einer kleinen . . . Unterhaltung zu uns gesellen.«

Sie ließ sich in den angebotenen Sessel gleiten, kreuzte die Beine, wobei ihr wohlproportionierter Oberschenkel aufblitzte, und zog den Rock dann schicklich über den Knien zurecht.

»Mir war ein wenig langweilig. Und so nah bei dieser . . . Sängerin zu sitzen wurde allmählich etwas lästig. Ich bin Ihnen sehr dankbar, Mr. . . . Manelli?«

»Ja, Rocco Manelli. Und das ist mein Freund, Knie Cardone.«

Als das Mädchen die Augenbrauen hochzog, lachte Cardone. »Aus der Zeit, als ich Schutzgelder eingetrieben habe. Ich hab die Zahlungen immer dadurch beschleunigt, daß ich den Leuten die Kniescheiben zerschmetterte. Aber damit ist es jetzt vorbei.«

»Ja, jetzt ist er ein richtiges Miezekätzchen.«

Gus brachte noch eine Runde Drinks, grinste, als ihm Cardone einen Zwanziger zusteckte, und ging. Manelli beäugte das Glas mit der leicht bläulichen Flüssigkeit, das Gus dem Mädchen hingestellt hatte.

»Was ist denn das für ein Zeug? Wasser und Limonellensaft?« Er mochte seine Frauen nicht allzu nüchtern.

Sie lächelte ihn an. »Ist das Ihr Ernst? Gin-tonic. Das trinke ich schrecklich gern.«

Manelli verzog das Gesicht. Er hatte es nur ein einziges Mal probiert. Es erinnerte ihn an einen der hausgemachten und schlecht gewordenen Weine seines alten Herrn. »Ja, klar. Schmeckt toll, das Zeug.«

Er versuchte verständnisvoll dreinzuschauen.

»Mann, Mrs. Bondino, mir hat es wirklich leid getan, als ich das mit Harry gehört habe. Er war ein toller Bursche, hab ich gehört.«

Ein Schatten glitt über ihr Gesicht.

»Er war gut zu mir. Ich vermisse ihn wirklich.« Sie seufzte. »Aber wie es so schön heißt, das Leben muß weitergehen. Deshalb bin ich jetzt hier.«

»Was machen Sie denn hier? Ich meine, wie kommt es, daß Sie Chi verlassen haben?«

»Na ja, das Klima dort kann manchmal wirklich eklig sein. Außerdem muß eine berufstätige Frau dort sein, wo es Jobs gibt. Aber wenn es Ihnen recht ist, würde ich lieber nicht darüber sprechen. Es macht mich irgendwie traurig, und heute abend möchte ich mich amüsieren.«

Das wollte Rocco auch, und er dachte, jetzt das Richtige gefunden zu haben.

»Sicher, sicher, Mrs. Bondino – Angie. Ich weiß genau, was Sie empfinden. Niemand mag unangenehme Erinnerungen.«

Er schaute auf das gut ausgefüllte schwarze Kleid. »Aber wenigstens erweisen Sie ihm Respekt.«

Nachdem sie sich noch ein paar Minuten unterhalten hatten, sagte Knie, er habe jemanden entdeckt, der ihm Geld schulde, und wolle sich mal mit ihm darüber unterhalten. Er ging in Richtung Bar.

Manelli gluckste. »Dieser Knie ist ein toller Bursche. Weiß genau, wann er sich verkrümeln muß.«

»Ist er schon lange bei Ihnen?«

»Ja, schon lange. Ich hab ihm sogar angeboten, mit ins Geschäft einzusteigen, aber er sagt, er wär zufrieden. Er würde für mich durchs Feuer gehen. Ich für ihn auch. Aber das sag ich ihm nicht.«

Angie wirkte nachdenklich. »Solche Leute findet man heutzutage nicht mehr oft.«

Die Combo kam auf die Bühne zurückgelatscht und begann »Time on My Hands« zu spielen. Bei Gino wurde auf Wunsch der einflußreicheren Stammgäste nie Rock gespielt. Rocco betrachtete Angies üppige Kurven und forderte sie zum Tanzen auf. Eine Art Probefahrt.

Sie preßte sich nicht an ihn, sondern kam gerade nah genug, um ihn gelegentlich zu streifen und ihn mit dem Duft ihres Parfüms zu umhüllen. Als der Titel zu Ende war, hatte Rocco naßgeschwitzte Achselhöhlen, aber nicht wegen der Hitze im Raum.

Die Band begann mit etwas, das sie für einen Tango hielt, deshalb gingen sie zum Tisch zurück, wo Rocco den Rest seines Bourbons hinunterkippte und sogar noch das Eis im Glas lutschte. Als er Knies wachsamen Blick auffing, nickte er. Er wollte gern gehen. Knie schlenderte zum Tisch zurück, ein Grinsen im Gesicht.

»Hab meine Sache erledigt.«

Nach dem Tango kam die Blondine heraus und begann wieder zu kreischen. Manelli zuckte zusammen.

»Mein Gott, ich kann dieses Geschrei nicht ertragen. Gino sollte schauen, daß er sie los wird, sonst verjagt sie noch die Gäste.«

Er lächelte Angie an.

»Was halten Sie davon, wenn wir hier weggehen und uns was Ruhiges suchen? Zum Beispiel meine Wohnung. Wir könnten etwas trinken und . . . uns unterhalten.«

Angie bewegte die Schultern. »Und wo ist Ihre Wohnung?«

»Nicht in dieser heruntergekommenen Gegend hier. Nicht mehr. Ich habe eine hübsche Wohnung in Fairview. Whirlpool und so weiter.«

»Hört sich gut an. Nur, daß es ziemlich weit draußen ist und ich morgen sehr früh eine Verabredung habe.« Sie zögerte. »Aber mein Hotel ist nur ein paar Blocks von hier entfernt. Es hat zwar keinen Whirlpool, dafür aber andere Attraktionen. Warum gehen wir nicht hin und . . . unterhalten uns eine Weile. Es sei denn . . .«

Sie warf einen Blick auf Knie, der beflissen aufs Tanzparkett schaute.

»Keine Sorge, der braucht seinen Schönheitsschlaf.«

Sie standen auf, um zu gehen. Gus nahte mit einer kleinen Papiertüte in der Hand.

»Hier bitte, Mrs. Bondino. Macht acht Dollar.«

Cardone betrachtete die Tüte. »Was ist denn das?«
Angie sah ihn kühl an.
»Eine Flasche Gin und etwas Tonic-Water. Ich trinke gern etwas vor dem Einschlafen, und mein Hotel hat keine Bar.«
Sie wollte ihre Tasche öffnen, aber Cardone gab Gus zehn Dollar und sagte: »Hau ab!«
Als sie im Hotel ankamen, schaute sich Rocco in der Empfangshalle um. Angie bemerkte, wie sich seine Lippen leicht kräuselten.
»Die Zimmer sind viel besser als die Halle. Außerdem muß man als berufstätige Frau eben nehmen, was man sich leisten kann.«
»Ein hübsches Mädchen wie Sie! Wenn Sie Ihre Karten richtig ausspielen würden, könnten Sie sich viel mehr leisten.«
»Ich werde es mir merken.«
Vor dem Zimmer schloß Angie die Tür auf und wollte gerade hineingehen, als Knie sagte: »Moment!« Er schob Angie beiseite, zog eine Pistole aus der Gesäßtasche und legte die Hand auf den Türknauf.
Angie sah Rocco an und zog die Augenbrauen hoch. »Was hat er denn?«
»Achten Sie nicht drauf. Er ist ein nervöser Typ.«
»Seien Sie mein Gast.«
Sie standen im Korridor, während Knie das Zimmer durchsuchte. Als er herauskam und nickte, sagte Rocco zu ihm: »Bis später, Knie. Geh heim und leg dich schlafen.«
»Aber Rocco –«
Rocco lief rot an.
»Was willst du denn? Mir die Hand halten? Ich bin schon ein großer Junge. Hau ab.«
Knie murmelte noch irgend etwas vor sich hin, drehte sich dann aber um und schlenderte den Korridor entlang zum Aufzug.
Das Zimmer war schäbig, aber sauber und sehr ordentlich, fast so, als wohne gar niemand hier. Rocco stellte die Tüte auf die Frisierkommode, zog den Mantel aus und warf ihn auf einen Stuhl.
»Oh, Mist!«
»Was ist denn los, Angie?«
»Kein Eis. Hören Sie, Rocco, am Ende des Korridors ist ein Eisautomat. Neben dem Aufzug. Seien Sie doch so lieb und holen Sie uns einen Kübel Eis. Ich bin verrückt nach einem kalten Drink.«
»Klar, Baby.«

Rocco stapfte den Korridor hinunter zum Eisautomaten. Der alte Automat ächzte und wollte sein Eis nicht hergeben. Erst nachdem ihm Rocco 75 Cents und einen harten Tritt gegeben hatte, entschloß er sich zur Zusammenarbeit.

Als Rocco zum Zimmer zurückkam, war die Tür verschlossen. Rocco klopfte erst leise, dann lauter.

Endlich hörte er ein gedämpftes »Wer ist da?«

»Ich. Rocco. Wer denn sonst?«

Die Tür flog auf.

»Ich war – auf dem Klo. Warum sind Sie denn nicht einfach reingekommen?«

»Die blöde Tür war abgeschlossen.«

»Oh. Natürlich. Sie schließt sich von allein ab, wenn man nicht das kleine Dingsda über den Knauf schiebt. Tut mir leid.«

»Ist ja nichts passiert.«

Angie hatte ihren Mantel ausgezogen und zwei Gläser neben Gin und Tonic-Water gestellt.

»Warum waren Sie so lang weg?«

»Ach, dieser blöde Eisautomat wollte sich über mich lustig machen. Aber jetzt hab ich welches.«

»Toll. Machen Sie uns zwei Drinks, ja?«

Manelli betrachtete die Flaschen mit leisem Widerwillen. Dann betrachtete er Angie, ihre vollen Brüste, über denen sich das schwarze Kleid spannte.

»Zum Teufel«, dachte er, »für einen Versuch damit ist so ein lausiger Gin-tonic ein billiger Preis.«

Rocco warf etwas Eis in die Gläser, riß den Plastikverschluß der Ginflasche auf, goß zwei ordentliche Portionen ein und krönte sie mit etwas Tonic-Water.

»Auf ... das ... Kennenlernen.«

Er holte tief Atem und kippte seinen halben Drink hinunter. Er war sogar noch bitterer, als er ihn in Erinnerung gehabt hatte.

Angie ging zum Bett. Rocco spannte sich an, als sie die Hand unters Kopfkissen schob, entspannte sich aber wieder, als die Hand mit einem hauchdünnen Nachthemd unter dem Kissen hervorkam.

»Mach's dir gemütlich, Schatz. Ich geh ins Bad und zieh mir was Bequemeres an.« Und dann schwebte sie mit dem Drink und dem Nachthemd ins Bad und schloß die Tür. Rocco stürzte den Rest seines

Drinks hinunter und grinste vor sich hin. Es sah aus, als würde es eine unterhaltsame Nacht werden.

Er zog sein Jackett aus und legte es auf den Stuhl. Dann nahm er den Revolver aus der Gesäßtasche und legte ihn auf den Nachttisch. Er starrte ihn einen Augenblick an, griff noch einmal danach, öffnete die Trommel und ließ die Patronen in seine Hand fallen. Dann legte er den Revolver auf den Nachttisch zurück und steckte die Patronen in die Hosentasche.

Die Badtür ging auf, und Angie kam heraus. Sie trug immer noch das schwarze Kleid.

»Rocco, Schätzchen, ich komme mit diesem Reißverschluß nicht zurecht. Schaust du mal, ob du ihn aufkriegst?« Sie ließ das Eis in ihrem leeren Glas klirren und stellte das Glas auf die Frisierkommode. »Und dann bräuchte ich davon noch mal was.« Sie ging zu ihm hin und stand mit dem Rücken zu ihm. Rocco stellte überrascht fest, daß seine Hände leicht zitterten. Er zerrte an dem Reißverschluß, und als er aufging, entströmten dem Kleid Wärme und ein zarter Körperduft. Rocco wurde es allmählich warm.

Als Angie leicht mit den Schultern zuckte, glitt das Kleid zu ihren Füßen hinunter und enthüllte einen Unterrock aus Spitze, der ihre runden Schenkel nur zur Hälfte bedeckte. Sie stieg aus dem Kleid und ging zur Frisierkommode, nahm ihr Glas in die Hand und klirrte mit dem Eis. »Na los, Schätzchen, laß uns was trinken vor dem Schlafengehen.«

Rocco schenkte noch einmal zwei Drinks ein, mit viel Gin und ein bißchen Tonic. Während er aus den Augenwinkeln heraus mit Angie liebäugelte, verschüttete er etwas Tonic-Water auf seine Hand. Er merkte es nicht.

»Zum Wohl.«

»Mein Gott«, dachte er, »was für eine Pisse. Als würde man Zitronen auslutschen.«

Angie winkte ihm mit ihrem Glas zu und schlenderte ins Bad zurück. Rocco beobachtete sie aufmerksam. Er fing an zu schwitzen.

Rocco zog Hemd und Krawatte aus. Es machte ihm Mühe, aus seinen Hosen zu kommen. Er hörte, wie Angie im Bad herumging.

»Mein Gott«, brummte er, »wie lange braucht sie denn, um sich für eine kleine Nummer fertigzumachen?«

Er sah auf seinen Bauch und überlegte gerade, ob er seine Unterwäsche jetzt ausziehen sollte oder erst, wenn es dunkel war. Da öffnete sich die Badezimmertür, und Angie stand dort. Das Licht hinter ihr ließ das Nachthemd beinahe unsichtbar werden. Rocco holte tief Luft, als er spürte, wie es ihn heiß überlief.

Angie lächelte ihn an. »Du vergeudest bestimmt keine Zeit.« Sie hob ihr Glas. »Auf eine große . . . Freundschaft.«

Rocco kippte den Rest seines Drinks hinunter. Er begann sich wirklich komisch zu fühlen und hatte sich gerade entschlossen, das Ganze lieber abzubrechen, bevor er zu betrunken war, um sich überhaupt noch zu amüsieren, als ihm auffiel, daß Angie das Glas kaum mit den Lippen berührt hatte.

»Was is'n los, Süße? Du trinkst ja gar nicht.« Er hatte Mühe, seine Worte zu formen, und sein Gesicht fühlte sich taub an.

»Eine berufstätige Fau muß auf sich achtgeben, Rocco.«

»Was soll denn andauernd das Gerede von dieser berufstätigen Frau? Welche Art von Beruf ist das denn?«

»Erinnerst du dich an die Branche, in der mein Harry war? Ich habe mich entschlossen, das Geschäft zu übernehmen.«

Rocco kicherte.

»Nichts für ungut, Baby, aber Harry war darin nich so gut.«

»Ja, armer Harry. Er war immer ein bißchen leichtsinnig, und dafür mußte er bezahlen. Aber ich habe aus seinen Fehlern gelernt, verstehst du?«

»Was zum Beispiel?«

»Zum Beispiel, daß ich verdammt drauf achte, mit meinem Opfer allein zu sein, bevor ich es umbringe.«

In Roccos Kopf begann eine Alarmglocke zu schrillen. Er schielte nach der Waffe auf dem Nachttisch. Er wollte hinlaufen, aber da war ein Gefühl, als wate er durch Gelee.

Angie kam ihm mit Leichtigkeit zuvor. Sie nahm den Revolver, warf einen Blick auf die leere Trommel und schmiß ihn auf einen Stuhl auf der anderen Seite des Zimmers.

»Nur damit du dich nicht so abmühst, Rocco.«

Sie kam herüber und stand vor ihm.

»Vinnie Vitelli läßt dich grüßen.«

Er versuchte sie zu packen, aber seine Arme machten gerade eine Kaffeepause. Das taube Gefühl griff auf seinen Brustkorb über, und ihre Stimme klang, als befinde er sich in einer Echokammer. Als sie ihm einen leichten Schubs gab, sank er schwerfällig aufs Bett.

Mühsam formte er die Worte.

»Vinnie – wie hat er –«

»Zum Teufel, Rocco, ich weiß nicht. Ich frage nicht nach Gründen. Ich frage nur, wer und wieviel.«

Er begann zu schwanken, und sie packte ihn geschickt unter den Armen, drehte ihn herum und legte ihn flach.

»Na siehst du, Rocco, jetzt liegst du endlich in meinem Bett. Du wirst wirklich nett ausschauen, wenn sie dich morgen früh finden.«

»Wa ... Was hast du –«

»Schwupp, Rocco, hochkarätiges Heroin im Gin. Nicht dieses beschissene Zeug, was du auf der Straße kriegst. Ich habe es sogar von einem deiner Jungs gekauft. Du krepierst an deinem eigenen Stoff. Wenn das kein Witz ist!«

»Plastik ... – Verschluß.«

»Stimmt. Aber als du das Eis geholt hast, habe ich oben die Steuerbanderole angehoben, ein kleines Loch in den Deckel gebohrt und das hier benutzt.« Sie kramte in ihrer Handtasche und zog eine Spritze heraus, die aussah, als sei sie für Pferde gedacht. »Sieht aus, als wär' es nie geöffnet worden. Und das Tonic hat den Geschmack überdeckt. Schlau, nicht? Das war meine eigene kleine Idee.«

Aber jetzt kam es Rocco schon nicht mehr auf Details an. Er spürte, daß sein Hirn anfing, alles zum Teufel zu wünschen, und seinen Lungen befahl, den Laden dichtzumachen. Er hörte ein Summen in den Ohren, aber er brauchte eine Weile, um herauszufinden, was es war. Angie summte »St. James Infirmary«. Mit einer verzweifelten Anstrengung wandte er den Blick von der gesprenkelten Decke ab. Angie hatte einen zerbeulten Koffer hervorgezogen und packte. Sie zog ihr Nachthemd aus und war gerade dabei, es zusammenzufalten, als sie seinen auf sie gerichteten Blick bemerkte. Sie lächelte und wackelte ihm mit ihrem runden Hintern zu.

»Wie hat dir deine amüsante Nacht gefallen, Baby?«

Er wollte sie beschimpfen, konnte aber die Lippen nicht mehr bewegen.

Angie zog sich langsam und sorgfältig an und sah noch einmal zu Rocco Manelli hin. Er sah nicht zurück. Sie knipste das Licht aus, nahm ihren Koffer und öffnete die Tür.

Knie Cardone lehnte im Korridor an der gegenüberliegenden Wand. Er legte einen Finger auf die Lippen.

»Meine Güte, Angie, sagen Sie Rocco nicht, daß ich da bin. Unten in der Halle haben so ein paar komische Typen rumgelungert, und da dachte ich, ich komme zurück und halte hier oben –«

Dann sah er den Koffer. Seine Hand fuhr zur Gesäßtasche.

Just a Poor Working Girl © 1987 by Harold D. Kaiser

INDIANER-POKER
Curtis E. Fischer

Draußen auf dem öden Lande, wo sich Coyote und Hase gute Nacht sagen, hat in den USA der Mann mit dem Blechstern auf der Brust noch immer fast unbeschränkte Macht. Der Sheriff ist Respektsperson, und wer mit ihm nicht klarkommt, verläßt am besten schleunigst die Stadt. Vor allem amerikanische Teenager, die in der unendlichen Langeweile des ländlichen Amerika aufwachsen, können ein Lied von der Willkür der lokalen Gesetzeshüter singen. Curtis E. Fischer, der in Wisconsin lehrt und schreibt, hat eine Geschichte darüber verfaßt.

»Ist jetzt fündundzwanzig Jahre her, stimmt's, Sheriff?« fragte mich neulich der alte Miles Haskell während des Mittagessens in der Raststätte. Sein Blick war zu den Hokkern an der Lunch-Bar geschweift, die die Hiesigen irgendwie meiden. Hin und wieder setzt sich ein Fremder dorthin, der es nicht besser weiß, aber die Hiesigen nie.

»Yeah, Miles, nächsten Dienstag sind's fünfundzwanzig«, sagte ich und wischte mir mit einer Papierserviette den Mund ab.

»Das Tollste, was je in dieser Stadt passiert ist«, seufzte Miles und schüttelte den Kopf. »Fünfundzwanzig Jahre. Kommt mir irgendwie vor, als wär's gestern gewesen. Gott weiß, seit damals ist in Plum Creek viel passiert.«

Ja, es war viel passiert. Die Interstate 80, die mitten durch Nebraska verläuft, hatte Plum Creek zur Absteige degradiert, zu einem Ort, wo man, wie das Schild draußen beim Autobahnkreuz besagte, »Benzin-Essen-Unterkunft« bekam. Der größte Teil der Innenstadt war verödet, selbst das Kaufhaus Sears hatte schließen müssen. Und das St. Andrews-College, einst die Haupt-Einkommensquelle der Stadt, hatte vor drei Jahren dichtgemacht. Wäre Plum Creek nicht der Sitz der Verwaltung gewesen, es wäre wahrscheinlich völlig ausgestorben. Die Bevölkerung hatte sich jedoch bei 3700 Personen eingependelt, die Hälfte des Höchststands im Jahr '66. Vor fünfundzwanzig Jahren, an dem Tag, als es passierte, war Baumann's Raststätte, die damals genau da lag, wo jetzt die Hauptautobahn verlief, das beste Lokal am Ort gewesen und immer voll besetzt. Heute waren, außer Miles und mir, im ganzen Lokal nur noch zwei andere Leute da, ein junges Pärchen.

Ich legte genug Geld auf den Tisch, um meine Rechnung zu bezahlen, verließ Miles vor der Vitrine bei der Kasse, wo er sich überlegte, für welche Sorte Candy-Riegel er sich entscheiden solle, und ging zu meinem Wagen. Im Süden braute sich ein Sturm zusammen. Im Juli mußte man immer mit Wirbelstürmen rechnen, deshalb sah ich nach, ob mein Fernglas im Wagen lag, und fuhr zu der Brücke im Westen der Stadt, meinem liebsten Aussichtspunkt. Ich stand neben der offenen Wagentür, stützte die Ellbogen aufs Dach und suchte den Horizont nach einer verräterischen Trichterwolke ab. Einen Moment lang hätte ich schwören können, daß ich in einem besonders dunklen Flecken einer wirbelnden Masse Emil Tynes finsteres Gesicht gesehen hatte. Es hatte sich in den fünfundzwanzig Jahren nicht verändert.

In jener Nacht wachte ich auf, frierend und in Schweiß gebadet, weil in einem teuflischen Traum Tynes Augen die meinen gesucht hatten, wie bei jener weit zurückliegenden Begegnung, die er mit der Ewigkeit gehabt hatte. Das war noch nie passiert. In fünfundzwanzig Jahren hatte ich nur ein einziges Mal nicht schlafen können, als meine Frau mich vor Gericht brachte und verließ. Bis damals war es mir gelungen, jenen Nachmittag in der Raststätte, der so viele Jahre zurücklag, zu verdrängen. Ich hatte mich nie schuldig gefühlt; und ich wußte, daß ich mich auch jetzt nicht schuldig fühlte. Zumindest wußte ich, daß ich mich wegen dem, was passiert war, nicht schuldig fühlte, aber vielleicht war es an der Zeit, daß alle die Wahrheit darüber erfuhren, warum es passiert war. Vielleicht war es das. Vielleicht fühlte ich mich schuldig, weil ich die Wahrheit so lange für mich behalten hatte.

Der Dienstag kam zu schnell. Ich war auf Patrouille, als es Mittag wurde. Zuerst dachte ich daran, in den Nordteil der Stadt zu fahren, um in der alten Kegelbahn einen Happen zu essen, aber dienstags gab es in der Bushaltestelle mexikanisches Essen, und das hatte ich seit Jahren nicht versäumt. Und an diesem besonderen Dienstag zu fehlen hätte, na ja, komisch ausgesehen, verstehen Sie? Also stellte ich den Wagen draußen bei den beiden schäbigen Texaco-Zapfsäulen ab, die seit dem Tod des alten Baumann im Jahre '76 nicht mehr benutzt worden waren, ging hinein und setzte mich in meine übliche Nische, von der aus ich die Tür, die Kasse und die Straße im Blick hatte. Wenn ich aus dem Vorfall vor fünfundzwanzig Jahren etwas gelernt habe, dann dies: nicht verwundbar zu sein.

»Das Übliche, Sheriff?« fragte mich Sophie Gehrke, als sie es schaffte, kurz bei meiner Nische stehenzubleiben. In der Raststätte war nur noch zweimal pro Woche etwas los: dienstags, wenn es die mexikanischen Spezialitäten, und Freitagabends, wenn es Bratfisch gab, und daß sie allein arbeitete, machte die arme Sophie fertig. Aber wenigstens konnte sie sich den Rest der Woche ausruhen.

»Ja, klar, Soph«, sagte ich mit einem schwachen Lächeln. »Aber bringen Sie mir für die Tacos heute die schwächere Sauce, okay?«

»Was ist los? Macht sich das Magengeschwür wieder bemerkbar?«

»So was Ähnliches, ja«, log ich und warf einen Blick auf den Kalender der Bank von Plum Creek, der über der Kasse hing.

Als sie wegging, sah ich draußen Miles Haskell mit Bobby Clementson auf dem Beifahrersitz mit seinem Lastwagen vorbeifahren. Sie parkten neben meinem braunen, blaulichtgeschmückten Streifenwagen, und ich sah, daß Miles auf dem Weg zum Restaurant auf den Wagen zeigte, als wolle er sagen: »Schau, ich hab dir ja gesagt, daß er da ist.« Bobby sah elend aus. Ich hatte das Gefühl, er war heute auch nicht lieber da als ich. »Schau, ich hab dir ja gesagt, daß er hier ist«, sagte Miles, als sie zu meiner Nische kamen. Ich mußte darüber lächeln, wie er meine Gedanken in Worte gefaßt hatte, aber Miles, der die Gelegenheit ergriff, nahm es als Begrüßung und schob sich in die Bank auf der anderen Seite der Nische. Bobby zögerte und setzte sich dann neben ihn.

»Bin rausgefahren und hab Bobby von seiner Farm abgeholt. Dachte, ich könnte für so 'ne günstige Gelegenheit mal mittagessen gehen.«

»Günstig?« fragte ich. Irgendwie fand ich das Wort unpassend.

»Trauriger Tag, als wir Emil Tyne verloren. Er war ein toller Sheriff.« Miles meinte es ernst, merkte aber plötzlich, daß es mich kränken könnte, wenn er meinen früheren Vorgesetzten so lobte. Wissen Sie, als ob ich das Gefühl haben könnte, er ließe mir keine Gerechtigkeit widerfahren. »Hey, Sheriff, nicht daß Sie's nicht wären, Sie sind's genauso – aber Emil...«

Ich schüttelte den Kopf. »Ist schon okay, Miles, ich weiß, was du meinst«, sagte ich, um seine Angst zu beruhigen.

Plötzlich platzte Bobby heraus: »Ich nicht! Ich weiß nicht, was er meint.«

Ich versuchte Bobby mit einem Blick zu beschwichtigen, aber Sophies Ankunft mit meinem Essen und Bobbys Bestellung taten mehr zu seiner Beruhigung, als ich es konnte.

Nachdem Sophie weg war, mußte Miles die Angelegenheit aufs Tapet bringen. »Was hast du mit dieser letzten Bemerkung gemeint, Bobby?« Miles runzelte die Stirn. Ihm war plötzlich die Idee gekommen, daß Gerüchte und Klatsch, die sich 25 Jahre lang halten, ein Körnchen Wahrheit enthalten könnten. Bobby sah unbehaglich über die Schulter und sah dann wieder mich an, ob ich ihn nicht unterstütze. Ich wurde teilnahmslos. Von mir gab's keine Hilfe. »Schau, Miles, ich wollte wirklich nicht mit dir hierherkommen, aber ich wollte auch deine Gefühle nicht verletzen, okay? Aber sitz hier nicht rum und sing ein Loblied auf den guten alten Emil Tyne, ja?«

Miles beugte sich vor. Er sagte ein Weilchen nichts; er sah nur zu, wie ich meinen ersten Taco aß, den ich kaum hinunterbrachte. »Ein Loblied auf den alten Emil Tyne? Hast du das gesagt?« fragte er Bobby schließlich. Ohne auf eine Antwort zu warten – und es war offensichtlich, daß Bobby ihm sowieso keine geben wollte –, machte er weiter. »Das brauche ich gar nicht. Sein Loblied singen, meine ich. Das steht am Gericht auf einer Platte, jedes Jahr an diesem Tag wird in der Wochenzeitung an ihn erinnert, und das neue Gefängnis heißt nach ihm. Mir scheint, daß irgend jemand ihn für einen großen Mann gehalten hat.«

»Genau das haben alle gedacht. Richtig.« Die Stimme war wie ein Echo. Beklemmend. Es war meine Stimme. Als ich wieder in die Wirklichkeit zurücksprang, sah ich, daß Bobby und Miles mich anstarrten. Bobby lächelte. Plötzlich fanden Gefühle, die ich jahrelang unterdrückt hatte, den Weg zu meiner Zunge. »Emil hat eine Menge Leute zum Narren gehalten. Nur wenige wußten, daß er ein brutaler Kerl, ein Betrüger, ein Lügner, ein –«

»Er war gemein. Furchtbar gemein. Hundsgemein.« Bobby war in die Litanei eingefallen.

Sophie brachte den beiden ihr Essen. Ich hatte das Interesse an meinem total verloren.

Als Sophie gegangen war, stieß Miles ein ärgerliches Lachen aus, lehnte sich zurück und hakte die Daumen in seine Latzhosenträger. Er sah uns beide eine Weile an und gab dann sein ätzendes Urteil ab. »Wundervoll. Einfach wundervoll. Ich sehe schon die Schlagzeilen vor mir. ›Held unseres Orts von Freunden verleumdet.‹ Das wart ihr doch, oder? Seine Freunde? Seine besten Freunde? Seine Hilfssheriffs? Seid ihr auf seinen Runden nicht mit ihm gefahren? Habt ihr nicht auf dem Revier Karten mit ihm gespielt? Mit ihm getrunken?«

»Wir waren Jungen, Miles. Hilfssheriffs? Was für ein Witz. Wir waren Jungen, die er einschüchtern und herumschubsen konnte. Ich war zwanzig. Bobby hier war neunzehn. Hilfssheriffs? Emil beschnitt uns sogar unser Gehalt dafür, daß er uns für sich arbeiten ließ. Aber wie alle andern dachten auch wir, Emil Tyne wär was Besonderes. Er war das Gesetz. Er war die Macht. Er war alles, was wir später auch mal werden wollten. Wir vergötterten ihn, als er einen betrunkenen Mittelschüler halb zu Tode erschreckte, den wir dabei erwischten, wie er im Zickzack über die Landstraße fuhr. Wir dachten, er erweist dem Jungen einen Gefallen damit, daß er ihn pro Woche zehn Dollar aufs Revier bringen läßt, statt ihn die ganze Strafe auf einmal zahlen zu lassen. Wir kamen nie auf den Gedanken, daß das Geld direkt in Emils Tasche wanderte. Als er unten beim alten Bahnhof die Landstreicher mit dem Gummiknüppel verprügelt hatte, glaubten wir ihm, daß sie es verdient hätten, und daß das die einzige Möglichkeit wäre, mit ihnen fertig zu werden.« Ich hielt inne, um Atem zu schöpfen. Einige Leute im Café hatten meine Erregung zwar bemerkt, aber es war mir gelungen, die ganze Zeit leise zu sprechen. »Wir dachten wirklich, wie Emil es machte, wär es richtig. Oh, wir waren zwei tolle Hechte, die für den Sheriff Emil Tyne arbeiteten. Ist es dir oder den anderen Erwachsenen denn nie aufgefallen, daß Emil ältere Stellvertreter nie halten konnte? Kam es euch nicht komisch vor, daß ihn ältere Männer immer wieder verlassen haben?«

»Warum sollte uns das komisch vorkommen? Der Lohn war schäbig. Aber ihr jungen Kerle –«

Bobby schnitt ihm das Wort ab. »Einige haben versucht, euch zu sagen, warum sie gingen, aber da hattet ihr aus dem guten alten Emil schon so einen Gott gemacht, daß sie nur auf taube Ohren stießen.«

Miles stocherte in seinem Burrito herum. Er hatte immer noch keinen Bissen davon gegessen. Er saß ironischerweise so in der Nische, daß er nicht wegkonnte. »Ihr versucht mir also weiszumachen, daß Emil Tyne, mein Nachbar, der Mann, mit dem wir alle drei Abende die Woche Poker gespielt haben, der Mann, der sechs Jahre lang in meinem Bowlingteam war, daß dieser Mann –«

»Ein Mistkerl war«, erwiderte ich. »Du hast das Pokerspiel erwähnt . . .«

»Er konnte toll pokern! Er hat fast jeden Abend gewonnen, das müßt sogar ihr Verräter zugeben!«

»O ja, allerdings hat er immer gewonnen«, gab Bobby zu.

»Willst du wissen, wie?« stachelte ich ihn an.

Miles sah mir in die Augen. Sein Blick war zornig und trotzig. Er gab keine Antwort.

»Hast du je bemerkt, daß immer einer von uns Hilfssheriffs draußen sitzen mußte, wenn du und die übrigen Jungs mit ihm spielten? Je drüber nachgedacht, warum?«

Ohne zu überlegen, schüttelte Miles den Kopf.

»Auf diese Weise konnten wir um den Tisch herumgehen und ihm Zeichen geben, darum«, sagte Bobby unaufgefordert. »Wir gaben ihm Zeichen mit den Augen. Er sagte uns, das wäre ein Witz, und er macht es nur, um uns Burschen eine Lektion darin zu erteilen, daß Spielen illegal ist. Er sagte, so müßten Bullen zusammenhalten. Und wir glaubten ihm. Etwas wie Selbstsucht begriffen wir nicht, vor allem nicht bei ihm. Wir waren dumm und leicht zu beeindrucken.«

»Einzuschüchtern«, murmelte ich und wiederholte meine vorigen Worte. »Erinnerst du dich an Indianer-Poker? Das war sein Lieblingsspiel, vor allem dann, wenn er mal keinen von uns um den Tisch gehen lassen konnte. Erinnerst du dich? Jeder bekam eine Karte mit dem Bild nach unten. Dann hob man sie an die Stirn.« Ich hob meine rechte Hand an die Stirn und benutzte meinen Daumen, um es zu demonstrieren. »Man konnte alle anderen Karten sehen, außer seiner eigenen.«

»Ich erinnere mich«, bestätigte Miles mit klangloser Stimme.

»Man mußte ein richtiges Pokerface sein, um da zu gewinnen. Aber Tyne gewann immer, nicht?«

Miles und Bobby nickten. »Wenn wir die Karten der anderen gesehen und unsere Chancen abgeschätzt hatten, sah Tyne nur uns an. Wenn wir unseren Blick nach oben und nach rechts bewegten, dann hieß das, daß er die höchste Karte hatte, die wir sahen, während nach unten und links das Gegenteil bedeutete.«

»Wir waren wirklich die einzigen, die er noch schlagen mußte«, schloß Bobby, »und er konnte sich gute Chancen ausrechnen, es zu schaffen, nach dem, was er sah.«

Miles erwiderte nichts, aber man sah den Unglauben in seinem wettergegerbten Gesicht.

»Weißt du, kurz bevor er starb...«Es fiel mir schwer, den Rest herauszubringen. »Ich habe entdeckt, daß er Mädchen, die er mit einem Jungen auf dem Rücksitz erwischte, um sexuelle Gefälligkeiten erpreßte. Er war ein richtiges Dreckschwein.« Ich sah in Miles' graue Augen. Augen, die von Minute zu Minute trauriger wurden. »Weißt du«, fuhr ich fort, »wenn sie nicht tun wollten, was er sagte, dann drohte er damit, ihrer Familie zu verraten, wobei er sie erwischt hatte. Und wir Blödmänner, ich, Hal Zwick, Bobby und alle – du eingeschlossen, Miles – wir saßen im Funkraum, während jene Mädchen, drei... vier pro Monat, aufs Revier kamen und Emil sie in sein Büro genommen und die Tür zugemacht hat. ›Zur Beratung‹, sagte er dann immer. Und wir hielten das alle für ein weiteres Beispiel dafür, was für ein toller Bursche Emil Tyne war.« Ich machte eine kleine Pause. Dann sagte ich es. Ich weiß nicht, warum. Vielleicht war es meine Art, ihr zu sagen, daß es mir leid tat. »Meine Schwester Cindy ist von Emil beraten worden. Erinnert ihr euch? Und ich saß da, bloß eine Tür weiter...«

Miles hatte seinen Blick nicht von mir abgewandt. »Wann hat Cindy Plum Creek verlassen?« fragte er ruhig.

»Vor ungefähr fünfundzwanzig Jahren... kurz vor Emil«, erwiderte ich schlicht.

»Und du hast nie mehr was von ihr gehört? Sie hat nie geschrieben oder so?«

»Nie.«

Miles saß eine Weile mit gesenktem Kopf da und stach sinnlose kleine Löcher in sein Burrito. Er seufzte einmal, sagte aber nichts.

Bobby nahm einen Schluck Pepsi und suchte meinen Blick. Ich glaube, wir überlegten beide, ob es nicht besser wäre, keine schlafenden Hunde zu wecken.

Schließlich wurde das gräßliche Schweigen an unserem Tisch gebrochen. »Das glaube ich euch nicht«, sagte Miles grob.

Es war eine Herausforderung. Wir hatten uns Freiheiten gegenüber einem alten Mann und seinen Erinnerungen herausgenommen. Wir hatten das Vergangene, wie er es wollte, genommen und in einen Gewissenskonflikt verwandelt. Es war nicht nur, weil Emil Tyne sein Freund gewesen war. Er nahm es persönlich. Es bedeutete, daß seine ganze Generation versäumt hatte, die Wahrheit zu sehen. Es bedeutete, daß ein ganzes Kapitel seines Lebens umgeschrieben werden mußte.

»Glaubst du uns nicht, oder willst du uns nicht glauben?« fragte Bobby.

Miles hob die Stimme. »Er starb als Held! Das könnt ihr nicht leugnen! Ich war an jenem Tag da, als dieser verrückte Junge aus dem College gekommen ist und uns alle bedroht hat!«

»Uns alle? Er hat den gekriegt, hinter dem er her war«, sagte ich.

Miles' Gesicht wurde weiß. »Was meinst du damit? Der Junge ist nach der Tat auf den Parkplatz gelaufen und hat sich selbst in den ... Niemand konnte sich je vorstellen ... Wir alle dachten, daß der alte Emil einfach zur falschen Zeit am falschen Ort war. Und jetzt sagt ihr, daß er den Sheriff absichtlich ausgesucht hat?«

»Ich war da. Ich hab ihn gehört«, sagte ich.

»Und ich weiß auch, warum«, fügte Bobby hinzu.

»Und?« war alles, was Miles herausbrachte.

»Sag's ihm, Bobby. Sag ihm alles«, half ich nach.

Bobby schob seinen unberührten Teller in die Mitte des Tischs, verschränkte die Arme und beugte sich vor. Dann massierte er sich mit einer Hand den Nacken. »Es begann alles am Freitag zuvor«, fing er an, wurde aber von Sophie unterbrochen.

»Soll ich eure Teller abtragen, Leute? Ich meine, weil ihr noch nichts angerührt habt. War das Essen schlecht? Gibt es ein Problem?«

»Nein, nein, Sophie. Uns haben nur grad wehmütige Erinnerungen überkommen«, sagte ich und wich ein wenig von der Wahrheit ab. »Heute ist ein besonderer Tag. Räum nur ab, meinen kannst du mitnehmen.«

»Meinen auch«, sagte Miles, und Bobby machte eine zustimmende Handbewegung.

Als sie weg war, fuhr er fort: »Am Abend des vorhergehenden Freitag fuhren Emil und ich Streife auf den umliegenden Landstraßen.

Man greift meistens irgendwelche minderjährigen Trinker auf, oder ein Pärchen, das es miteinander treibt. Damals fand ich es ganz toll, denen total angst zu machen. Na ja, jedenfalls kamen wir zu diesem Wagen, der am Straßenrand stand und einen St.-Andrews-Aufkleber auf der Stoßstange hatte. Mein Gott, war das eine Hektik in dem Wagen, als wir den Scheinwerfer drauf richteten. Ich dachte, Emil würde durchdrehen. Als wir ausgestiegen waren, knöpfte das Mädchen grad seine Bluse zu. ›Nicht nötig, kleine Lady‹, sagte Emil. ›Ich weiß ein kleines Spiel.‹

Ich glaubte zu wissen, wovon er sprach. Wir hatten das schon mit anderen Paaren gemacht, um ihnen Angst einzujagen. Normalerweise drohten wir damit, sie bei der College-Leitung anzuzeigen. Aber diesmal war es anders. Das Mädchen mußte aussteigen und sich neben die Fahrertür stellen, wo es im Scheinwerferlicht des Streifenwagens stand. Dann öffnete Emil die hintere Tür des Wagens und setzte sich hinein. ›So, hier ist das Spiel, Kleine‹, sagte Emil. Seine Stimme klang anders als sonst. Sie war härter . . . grausig. ›Ich werde jetzt hier hinten sitzen und meine Pistole auf deinen Freund richten. Du fängst an, dich auszuziehen. Ganz. Wenn nicht, schieß ich ihm in den Kopf. Hat sich der Verhaftung widersetzt, verstehst du? Ich kann das machen. Ich bin Emil Tyne, der Sheriff . . . und ein fieser Mistkerl. Brauchst nur rumzufragen.‹ Dann knurrte er dem Jungen ins Ohr: ›Und du, junger Mann. Du kannst es beenden. Dreh dich einfach um und sag schön bitte, bitte. Wenn ich die Waffe in dem Moment draußen habe, schieß ich dir in den Kopf, wenn sie im Halfter ist, könnt ihr beide gehen.‹

Die beiden Schüler konnten es nicht glauben. Ich auch nicht. Sie sahen mich an. Ich sah sie an. Ich stand einfach da.« Bobby unterbrach seine Geschichte, um nach seinem Glas zu greifen und einen Schluck Wasser zu trinken. »Das war Emil«, sagte ich. »Der wirkliche Emil. Nicht der, den ihr alle gekannt habt.«

»Jedenfalls«, fuhr Bobby fort, »nachdem Emil noch ein paar Drohungen ausgestoßen hatte, begann das Mädchen, sich auszuziehen. Emil verhöhnte den Jungen die ganze Zeit, sagte ihm, daß er es in der Hand hätte, das Ganze zu beenden. Die Fingerknöchel des Jungen, der das Steuerrad umklammerte, wurden weiß. Seine Freundin sah ihn dauernd an und bat ihn, irgendwas zu unternehmen. Sie war schon hysterisch, bevor sie die Bluse ausgezogen hatte. Als sie bei den Unterhosen angelangt war, hielt sie es nicht mehr aus. Sie rannte ins Kornfeld davon. Der Junge brach zusammen. Als wir wegfuhren, schlug er mit den Fäusten aufs Lenkrad ein und schluchzte, und Emil Tyne lachte so sehr, daß er sich die Seite hielt. Das war das letzte Mal, daß ich Emil lebendig gesehen habe. Ich schämte mich so – für ihn, für meine eigene Feigheit –, daß ich ihn anrief, als ich heimkam«, sagte Bobby und wies auf mich, »ihm alles erzählte und auch das über die anderen Mädchen, von denen ich wußte. Dann packte ich eine kleine Tasche, fuhr nach Omaha und trat in die Navy ein. Ich hörte von Tynes Tod erst nach dem Rekrutencamp.«

»Deshalb warst du an dem Tag nicht da«, stellte Miles fest. »Weißt du, lange Zeit haben wir alle gesagt, wenn Hilfssheriff Clementson dagewesen wäre, wäre der Junge dem Sheriff nicht mit dem Ziehen zuvorgekommen.«

»Da Bobby mich angerufen hatte, wußte ich, warum der Junge an jenem Tag mit dem Revolver hinter Tyne getreten war. Er war gedemütigt worden. Wahrscheinlich hatte er ein paar Tage damit verbracht, seine Männlichkeit anzuzweifeln. Er war das Bild des Hasses. Ich wußte, er haßte genug, um zu töten. Ich hörte, was er sagte: ›Jetzt sind Sie an der Reihe, Sheriff. Drehen Sie sich um. Wenn ich eine Waffe habe, sind Sie tot. Wenn nicht, sind Sie ein Held. Na los, Sheriff, haben Sie keine Lust zu spielen?‹ Tyne erstarrte. Er wurde bleich. Der Blick des Feiglings irrte umher, bis er schließlich mich ansah. Wir schauten einander eine Ewigkeit an. Seine Augen baten mich flehentlich, es ihm zu sagen. Seine Lippen formten die Worte ›Indianer-Poker‹. Ich konnte sehen, ob der Junge eine Waffe hatte oder nicht. Er wußte, daß ich es sehen konnte. Ich brauchte nur zu signalisieren, ob er geschlagen war oder nicht.«

»Ich erinnere mich«, sagte Miles ernst. »Ich war ja dabei. Ein paar von uns in der hinteren Nische sahen den Jungen reinkommen und den Revolver schwenken. Wir sahen, wie Emil dich anschaute. Dann wirbelte er herum –«

»– und wurde in den Kopf geschossen.«

»Und ihr sitzt da und wollt mir erzählen, er wär kein Held gewesen? Obwohl er wußte, daß dieser verrückte Junge wirklich eine Waffe hatte, drehte er sich um und versuchte sie ihm wegzunehmen, und ihr nennt ihn einen Feigling?«

Ich stand auf und nahm zwanzig Dollar aus meiner Brieftasche, um für alle drei zu bezahlen. »Du begreifst es immer noch nicht, Miles, stimmt's? Emil Tyne tat nie etwas, ohne zu wissen, daß er überlegen war – immer.«

»Aber du hast es ihm doch signalisiert«, beharrte Miles.
»Ja, ich hab's ihm signalisiert. Und in fünfundzwanzig Jahren hab ich deswegen nur eine einzige schlaflose Nacht verbracht.«

Indian Poker © 1987 by Curtis E. Fischer

EIN INTERVIEW

mit Charles Willeford

Seine Hoke-Mosely-Romane waren gerade dabei, ihn international bekannt zu machen, erschienen in Großbritannien, Deutschland, Japan und vielen anderen Ländern, als er am 27. März 1988 in seinem Haus in Miami überraschend an Herzversagen starb. Charles Willeford wurde neunundsechzig Jahre alt. Mit ihm starb ein begnadeter Schriftsteller, der es besonders verstanden hatte, die Verlierer, Gestrandeten und im Schatten des amerikanischen Wohlstands lebenden Menschen zu beschreiben. Sein Hoke Mosely war in erster Linie ein Mensch mit vielen Schwächen und Fehlern, und dann erst Polizist. Die vier Bände der Serie setzten neue Maßstäbe für den Polizeiroman und zeichneten ein deprimierendes Bild des heutigen Süd-Florida, rückten das märchenhafte Glitzer-Image vom Miami eines Sonny Crockett ins Abseits.

Charles Willeford wurde im Jahre 1919 in Los Angeles geboren und verbrachte dort seine Jugend. Zwanzig Jahre lang diente er bei der U.S. Army und dem U.S. Air Corps. Als Kommandant einer Panzereinheit kämpfte er mit der 10th Armored Division im Zweiten Weltkrieg und wurde mehrfach dekoriert. Er erhielt den Silver Star, Bronze Star, das Purple Heart mit Eichenlaub und das Luxembourg Croix de Guerre. In Japan diente er als Rifle Company Sergeant, bevor er als Master Sergeant aus der Armee entlassen wurde. Als Historiker blieb er dem Militär aber auch nach seinem Ausscheiden verbunden.

Charles Willeford fing beim Militär an zu schreiben und erinnert sich in seinem autobiographischen Werk *Something About a Soldier* an diese Zeit. In den späten fünfziger Jahren zog er nach Miami, um dort nach einem kurzen Gastspiel als Redakteur beim *Alfred Hitchcock's Mystery Magazine* an der University of Miami und am Miami Dade Community College zu lehren. Seit einigen Jahren arbeitete er als freier Schriftsteller. Zu seinen bekanntesten Romanen gehören *Pick-Up*, *The Burnt Orange Heresy* und der vielgerühmte *Cockfighter* über einen Hahnenkämpfer, ein Buch, das auch erfolgreich verfilmt wurde (Regie: Monte Hellmann; Hauptrolle: Warren Oates). Charles Willeford schrieb selbst das Drehbuch.

Seine Hoke-Mosely-Romane machten ihn auch einer breiteren Leserschaft bekannt. Die deutschen Übersetzungen erscheinen bei Ullstein.

Der deutsche Autor Thomas Jeier, der Miami als seine zweite Heimat bezeichnet und dessen erster Kriminalroman »Champ« (Ullstein-Buch 10563) ebenfalls in Miami spielt, interviewte Charles Willeford wenige Wochen vor dessen Tod in Miami.

Viele Ihrer Romane handeln von Verlierern, von Menschen, die am Rande unserer Gesellschaft leben. Sie wurden deshalb oft mit Jim Thompson verglichen ...
Willeford: Man bezieht sich da meistens auf meine früheren Romane wie *Burnt Orange Heresy*, *Cockfighter* und vielleicht auch *Pick-Up*. Diese Romane werden zur Zeit alle nachgedruckt, nachdem ich gerade mächtig in Mode komme und reich werde (schmunzelt). Jetzt graben sie die alten Sachen wieder aus. Die Helden dieser Bücher sind Verlierer, oder sie sind zumindest auf dem Weg nach unten. Obwohl man Hoke Mosely nun auch gerade nicht einen unterhaltsamen Charakter nennen kann. Dabei sind gerade Frauen von ihm begeistert. Ich frage mich nur, was sie an diesem Typ finden. Er hat eine Glatze und falsche Zähne ...
Wieviel von Ihnen ist in Hoke Mosely?
Willeford: Gar nichts, ich hab ihn erfunden und seinen Charakter auf Papier aufgerissen. So gehe ich mit allen Personen meiner Romane vor. Ich schreibe eine sehr detaillierte Biographie meiner Charaktere, wo sie geboren wurden, welcher Religion sie angehören, wo sie zur Schule gingen, wie viele Kinder sie haben, wie das Abschlußzeugnis aussah, welche Gelegenheitsjobs sie während der Ferien annahmen ... ich schreibe alles auf. So bekomme ich eine Chronologie und kann nichts falsch machen. Ich erinnere mich an einen Roman von Scott F. Fitzgerald, da gab es eine Frau, die war im dritten Kapitel dreißig Jahre und im achten Kapitel siebenundzwanzig Jahre alt. Er hatte anscheinend keine Chronologie. Dann kann so etwas leicht passieren. Mit einer Chronologie beherrscht man eine Person auch besser. Wenn man so viel über sie weiß, kann man praktisch vorhersagen, wie sie in einer bestimmten Situation reagieren wird.
Die persönlichen Probleme Ihres Protagonisten Hoke Mosely erscheinen in Ihren Romanen fast wichtiger als die kriminellen Tatbestände ...

Willeford: Sie sind nicht wichtiger, aber ich habe Hoke nun mal wie einen richtigen Detektiv angelegt. Er arbeitet bei der Mordkommission, aber die Polizeiarbeit ist nicht sein ganzes Leben. Polizisten arbeiten nicht besonders hart. Sie haben jede Menge Nebenjobs, arbeiten als Wohnungsvermittler und so. Gerade sind fünf Polizisten in Miami des Mordes angeklagt. Sie betreiben ein Fitness-Studio nebenbei, große, kräftige Kerle. Und so machen es auch andere Polizisten.

Auch die Toten dürfen hoffen, der zweite Roman der Serie, unterscheidet sich von den meisten anderen Kriminalromanen und auch von dem Vorgänger Miami Blues *insofern, als mehrere Fälle angegangen werden . . .*

Willeford: Hoke bearbeitet mehrere sogenannte kalte Fälle. Er und sein Partner beschäftigen sich mit Fällen, die fünf, sechs Jahre zurückliegen. Mordfälle werden niemals abgeschlossen, also schnappen sie sich ein paar hundert Akten und suchen ungefähr fünfzig heraus. Natürlich die Fälle, bei denen es neue Spuren gibt und die am wahrscheinlichsten aufzuklären sind.

Hat die Fernsehserie Miami Vice *geholfen, die Hoke-Moseley-Serie zu verkaufen?*

Willeford: Nein, meine Bücher waren ja vorher da. In einer Folge von *Miami Vice* las ein Cop sogar in *Miami Blues*, das war lustig. Ich saß vor dem Fernseher und schaute zu, als meine Frau plötzlich rief: »He, der liest ja dein Buch!« Ich hatte nichts damit zu tun, aber es war natürlich toll.

Und was hält ein Autor, der sich in seinen Romanen eingehend mit der Stadt Miami beschäftigt, von Miami Vice*?*

Willeford: *Miami Vice* ist sehr unrealisitisch. Nicht mal die Stadt wird so gezeigt, wie sie wirklich ist. Sie malen sogar die alten Häuser an für die Show. Wenn man irgendwo in Miami Beach ein frisch gestrichenes Gebäude sieht, kann man fast sicher sein, daß es in *Miami Vice* zu sehen war. Das ist Fernsehen.

Spielt Miami eine wichtige Rolle in den Hoke-Mosely-Romanen?

Willeford: Ich versuche, die Atmosphäre der Stadt einzufangen. An der Polizeiarbeit bin ich eigentlich gar nicht so interessiert, die ist ziemlich langweilig. Die Cops gehen eben schrittweise vor. Ich bin mehr an den Charakteren und den Menschen interessiert, die für die Polizei arbeiten. Ein Cop ist nicht vierundzwanzig Stunden am Tag ein Cop. Er ist acht Stunden lang Polizist, ansonsten ist er ein Mensch mit seinen Problemen. Er hat Probleme zu Hause, mit Freundinnen usw.

Hoke Mosely muß Alimente bezahlen und hat wenig Geld. Und er hat Probleme wie jeder andere Mensch, zusätzlich zu seiner anstrengenden Arbeit.
In Miami leben viele Kubaner, Kolumbianer und Schwarze – die Minderheit anderer Städte bildet hier die Majorität. Führt so eine Situation nicht zwangsweise zu einer höheren Verbrechensrate?
Willeford: Eigentlich nicht, denn die Kubaner sind in der Regel sehr gesetzestreu. Auch die Kolumbianer. Die meisten Amerikaner halten jeden Kolumbianer für einen Drogenhändler. Das ist sehr unfair gegenüber den anständigen Kolumbianern. Konflikte ergeben sich vor allem wegen der Sprache und im kulturellen Bereich. Viele Kubaner opfern immer noch Ziegen und Hühner, und es sieht halt nicht besonders gut aus, wenn man morgens zur Arbeit fährt und die blutigen Kadaver im Müll liegen sieht. Dann sagen natürlich viele, das sind primitive Leute, die opfern immer noch ihren afrikanischen Göttern. Daraus ergeben sich Konflikte.
Miami sieht sich aber auch anderen Problemen gegenüber . . .
Willeford: Es ist kaum Platz da. Im Osten endet die Stadt am Meer, im Westen bei den Everglades. Für Miami wurden ja Sümpfe trockengelegt, und jetzt soll wieder ein Teil der Everglades dran glauben. Es sollen Gebiete für neue Häuser und Siedlungen erschlossen werden. Täglich ziehen siebenhundert Familien nach Süd-Florida, das ergibt Probleme.
Sie leben seit ungefähr dreißig Jahren in Miami. Was hat sich geändert in dieser Zeit?
Willeford: Es ist natürlich vieles besser, aber auch schlechter geworden. Früher war hier alles viel ruhiger, kaum Rummel, 'ne richtig ruhige Kleinstadt war Miami. Aber jetzt fließt so viel Geld in diese Stadt, das zieht natürlich viele kriminelle Elemente an. Dann gibt es viele Leute, die weder lesen noch schreiben können und keine Arbeit finden. Wir haben nur fünf Prozent Arbeitslosigkeit, aber man sieht überall solche Schilder wie »Bedienung gesucht«. Aber sogar solche Jobs können diese Leute nicht annehmen, weil sie keine Speisekarte lesen und kein Wechselgeld rausgeben können. Für diese Leute wird nichts getan. Und den Schwarzen geht es nicht besser. Die gehen einfach von der Schule weg und verkommen in den Slums.
Sie wurden in Los Angeles geboren und haben dort lange gelebt, bevor Sie nach Miami kamen. Wie unterscheiden sich die beiden Städte heute voneinander?

Willeford: Die beiden Städte sind sich heute sehr ähnlich. Der einzige Unterschied ist, daß sie Asiaten und Mexikaner statt Kubanern haben. 1974 war ich in Hollywood, um am Script für *Cockfighter* zu schreiben, das nach meinem Roman gedreht wurde. Ich stieg im Hollywood Roosevelt ab. Das war früher ein sehr vornehmes Hotel, in dem sie einen nicht mal nach einer Kreditkarte gefragt haben. Das Gepäck wurde nach oben getragen, fertig. Jetzt standen anstatt eines älteren, sehr vornehmen Herrn gleich fünf Koreaner an der Rezeption, und die brauchten eine geschlagene Stunde, um meine Reservierung zu finden. Da waren überall Asiaten im Hotel, und ich konnte kaum glauben, wie sehr sich das Hollywood Roosevelt verändert hatte.

Wann haben Sie angefangen zu schreiben?

Willeford: Ich habe schon während meiner Militärzeit angefangen zu schreiben. Ich hatte bereits drei Bücher veröffentlicht, als ich entlassen wurde. Mein erstes Buch wurde 1947 herausgebracht und hieß *Proletarian Laughter*, eine Sammlung von Gedichten. Dann veröffentlichte ich Kurzgeschichten und Artikel, bis ich mich an meinen ersten Roman wagte.

Sie haben also nicht den klassischen Weg eines Krimiautors eingeschlagen, haben nie für die Pulps geschrieben?

Willeford: Nun ja, ich habe schon Krimis geschrieben und war sogar mal Redakteur bei *Alfred Hitchcock's Mystery Magazine*, das war 1964 und dauerte nur kurze Zeit. Dann lehrte ich sechzehn Jahre lang am College, bevor ich freier Schriftsteller wurde.

Warum haben Sie sich dem Kriminalroman zugewandt?

Willeford: Ich wollte mal sehen, ob ich's kann.

Sind Kriminalromane die derzeit aktuelle Literatur?

Willeford: Kriminalromane reflektieren die Zeit, in der sie geschrieben werden. Für die meisten Leser ist ein Kriminalroman die beste Lektüre, weil er aufregender ist als ein Roman, der den langweiligen Alltag beschreibt.

Wird Hoke Mosely uns auch auf der Kinoleinwand begegnen?

Willeford: Es gibt eine Option für *Miami Blues*, aber man weiß ja, daß nur wenige Optionen tatsächlich zu Filmen werden. Die meisten Filme, die nach Kriminalromanen gedreht werden, sind sowieso schlecht. Die Hollywood-Leute ändern zuviel. Viele Autoren wehren sich sogar gegen eine Fernsehserie, wie zum Beispiel John D. McDonald. Da ist viel Action in seinen Travis McGee-Romanen, aber am interessantesten sind doch die Reflektionen und Kommentare. Die gingen im Film alle verloren. Sie haben es ja mal versucht, und es ging voll daneben.

Mögen Sie John D. McDonald?
Willeford: Sehr sogar. Wenn man sein Gesamtwerk liest, bekommt man eine vollständige ökologische und soziologische Geschichte Floridas. John war ja studiert und verstand vor allem die wirtschaftliche Entwicklung unseres Staates. Er war gegen die Zerstörung der Umwelt und setzte sich vehement für den Umweltschutz ein.

Welche Krimi-Autoren mögen Sie außer ihm?
Willeford: Ich mag Loren D. Estleman, auch Dutch (Elmore) Leonard und einen Autor aus New Orleans, der heißt James Colson. Auch Petievich, der *To Live and Die in L.A.* geschrieben hat.

Was kommt nach dem vierten Hoke-Mosely-Roman?
Willeford: Ich glaube, ich schreibe noch einen fünften Mosely-Roman und wende mich dann einer anderen Figur zu. Im Oktobr erscheint der zweite Teil meiner Autobiographie mit dem Titel *I Was Looking for a Street*. Weiter habe ich nicht geplant.

Charles Willeford starb kurz nach diesem Gespräch, ohne den fünften Hoke-Mosely-Roman vollendet zu haben.

Bibliographie:

Proletarian Laughter
High Priest of California
Pick-Up
Wild Wives
The Black Mass of Brother Springer
No Experience Necessary
The Director
The Burnt Orange Heresy
Cockfighter
The Machine in Ward Eleven
Off the Wall
Miami Blues
(Miami Blues, Ullstein-Krimi 10493)
New Hope for the Dead
(Auch die Toten dürfen hoffen, Ullstein-Krimi 10504)
Something About a Soldier
Sideswipe
(Seitenhieb, Ullstein-Krimi 10566)
New Forms of Ugly
Kiss Your Ass Goodby
The Way We Die Now
(erscheint 1989 bei Ullstein)
Everybody's Metamorphosis
I Was Looking for a Street

Bitte beachten Sie
die folgenden Seiten:

Ed McBain

Polizisten leben gefährlich

Ein Roman aus dem
87. Polizeirevier

Ob Joseph Wambaugh und seine Chorknaben, Janwillem van de Wetering und seine Outsider in Amsterdam, Maj Sjöwahl/ Peer Wahlöö und ihre Schwedenbullen – ohne die Cops vom 87. Polizeirevier und ihren Chronisten Ed McBain würde es wahrscheinlich keinen von ihnen geben. Als der ehemalige Marinesoldat und frischgebackene Schriftsteller 1956 diesen Krimi schrieb, begründete er den modernen Polizeiroman. Und eine der erfolgreichsten Kriminalserien aller Zeiten.

1986 wählten die Mystery Writers of America, der Verband der US-Krimiautoren, Ed McBain in Würdigung seines Gesamtwerks zu ihrem Großmeister.

Ullstein
Kriminalroman

Ullstein Kriminalromane

»Bestechen durch ihre Vielfalt«
(Westfälische Rundschau)

Rick Boyer
Die Daisy Ducks (10544)

Ed McBain
Die zehn Gesichter der Annie Boone
(10545)

John P. Marquand
Kein Mitleid, Mr. Moto (10546)

David Wiltse
Schmutzige Heimat (10547)

Thomas Maxwell
Kiss Me Once (10548)

Jim Thompson
Das Abtöten (10549)

James A. Howard
Generalprobe für Mord (10550)

Horace McCoy
*Nur Pferden gibt man den
Gnadenschuß* (10551)

Ed McBain
Reines Gift (10554)

Angus Ross
Die Manchester-Connection (10555)

Jim Thompson
Rückschlag (10556)

.38 Special 5
Ein Kriminalmagazin (10557)

Willi Voss
*Tränen schützen nicht vor
Mord / Frost im Blut* (10558)

Dick Francis
Risiko (10559)

David Williams
Mord im Advent (10574)

Angus Ross
Der Job in Huddersfield (10561)

John P. Marquand
Gut gelacht, Mr. Moto (10562)

Brian Freemantle
Lächeln Sie, Charlie Muffin (10563)

C. S. Forester
Zahlungsaufschub (10564)

Willi Voss
Das Gesetz des Dschungels (10565)

Charles Willeford
Seitenhieb (10566)

David Delman
Endstation Lissabon (10567)

Jim Thompson
Nichts als Mord (10568)

Wilbur Wright
Die zwölf Apostel (10569)

.38 Special 6
Ein Kriminalmagazin (10570)

Liza Cody
Ungesetzlich geschützt (10571)

John P. Marquand
Ganz recht, Mr. Moto (10572)

William G. Tapply
Den Haien nach (10573)

ein Ullstein Buch